# 幼儿教师共情对话100例

## 场景化语言设计手册

肖华军◎编著

人民邮电出版社

北京

**图书在版编目（CIP）数据**

幼儿教师共情对话 100 例：场景化语言设计手册 / 肖华军编著 . -- 北京：人民邮电出版社，2025.

ISBN 978-7-115-67811-9

Ⅰ．G615

中国国家版本馆 CIP 数据核字第 20259XJ641 号

## 内 容 提 要

　　3 ~ 6 岁是幼儿人格建构、语言发展的关键期，幼儿教师与幼儿的沟通既是对幼儿发展的内在需求的回应，也是提升学前教育质量的关键路径。然而，在实际教育过程中，幼儿教师常常面临诸多挑战：如何理解孩子行为背后的深层原因？如何与孩子建立信任关系？如何在快节奏的教育环境中保持对个体成长的关注？

　　本书精选了 100 个生动、真实的教育案例，涵盖倾听、理解、陪伴、引导等多个维度，结合心理学与教育学理论，为幼儿教师提供实用的教育策略与反思视角。本书从倾听的技巧和方法到如何理解幼儿的行为和情绪，从创设积极的互动环境到开展多样化的互动活动，从解决师幼互动中的冲突和问题到促进幼儿教师自身的专业发展，每个案例都紧密围绕师幼互动展开，既有事件的温度，又有理论的深度，不仅记录了幼儿教师与孩子们相处的点滴，更展现了教育实践中那些微小却有意义的瞬间——倾听孩子的喃喃自语，理解他们的情绪与需求，陪伴他们克服困难，引导他们找到自信与归属感，等等。

　　本书旨在帮助幼儿教师提升专业素养，增强共情能力，进而促进自身的职业发展与专业进阶。

　◆ 编　著　肖华军

　　责任编辑　田　甜

　　责任印制　彭志环

　◆ 人民邮电出版社出版发行　　北京市丰台区成寿寺路 11 号

　　邮编 100164　电子邮件 315@ptpress.com.cn

　　网址 https://www.ptpress.com.cn

　　北京天宇星印刷厂印刷

　◆ 开本：720×960　1/16

　　印张：15.5　　　　　　　　　　2025 年 9 月第 1 版

　　字数：200 千字　　　　　　　　2025 年 9 月北京第 1 次印刷

定　价：59.80 元

**读者服务热线：（010）81055656　印装质量热线：（010）81055316**

**反盗版热线：（010）81055315**

# 编委会

主编：肖华军

委员：王小丽　唐泽福　于桂芬　宋亚男

王红侨　宋艳玲　王雪梅　赵子惠

李向荣　王升语　邢　芳　吕仙英

江鹏鹏　范书娟　李　玲　夏　凡

李春雨　刘　萍　刘　宁　姜东慧

战雪艳

# 前言

　　在幼儿教育的广袤天地中，每一个孩子都是一颗独特的种子，蕴含着无限的潜力与可能。他们带着对世界的好奇与憧憬，踏入幼儿园的大门，开启人生的重要旅程。

　　幼儿教师作为孩子们成长道路上的重要引路人，不仅是幼儿学习与发展的观察者、引导者与合作者，更是他们心灵的守护者与情感的"包容者"。幼儿教师的文化素养、教育理念及与孩子的互动方式，都会潜移默化地影响孩子的行为与心理发展。

　　如何与幼儿建立良好的互动关系，是幼儿教育的核心课题之一。本书正是在这样的背景下应运而生的，它结合一线幼儿教师多年的实践经验和专业的理论知识，聚焦于倾听幼儿的心声和增进良好的师幼互动，旨在为学前教育工作者提供一套科学且实用的指导工具。

　　在这本书中，你将看到：幼儿教师如何通过陪伴与示范，帮助孩子克服困难，从退缩变成自信；如何通过温柔的理解与引导，帮助孩子从"拖延者"变成班级的"小老师"。这不仅是一本教育案例集，更是一份充满爱与智慧的工作指南。

　　我们衷心地希望，这本书能够成为学前教育工作者的得力助手，陪伴大家在幼儿教育的道路上不断探索和前行。同时还能帮助幼儿教师深入了解如何倾听、理解与鼓励幼儿，如何走进他们的内心世界，帮助他们克服成长中的困难与挑战。

# 目录

## 第一篇
## 用心倾听
### 让理解生根，让信任开花

　　倾听孩子，需要成年人有一颗理解、包容、淡定的心，静下心来才能听到花开的声音，沉下心来才能听懂孩子的"话中话"。

# 第二篇
## 全然接纳
### 情通才能理达

要想培养通情达理的孩子，成年人首先要与孩子共情，全然接纳孩子的感受，然后才能更好地引导孩子的言行。

# 第三篇
## 读懂孩子
### 做孩子心事的翻译者

当幼儿教师学会翻译孩子的沉默、眼泪与欢笑时，才能真正架起通往童心的桥梁。

# 第四篇
## 正向引导
### 将问题重构为成长契机

从积极的视角看待孩子，用正确的价值观引领孩子，当正向引导成为土壤，每一粒种子都能听见破土的声响。

# 第五篇
## 正面语言
### 让每句话都成为滋养心灵的微光

正面的语言，积极的肯定，无条件的信任能有效地激发孩子的潜能。

## 第六篇
### 以身作则
#### 在细微处栽下榜样的种子

所谓立德树人，不过是允许学生用你的脊梁作尺，丈量世界的曲直。

## 第七篇
## 小小兵法
### 爱和爱的表达方式同样重要

对于孩子，仅仅有爱是不够的，更需要以他们能够接受的方式来表达爱。每个孩子的个性、喜好不同，与之交流的方法也应随之千变万化。

# 引言

# 走进孩子的内心世界

如今的幼儿教育是一项充满挑战的事业。过去，幼儿教育更多地关注孩子的认知发展与行为规范。然而，随着社会的快速发展，如今，孩子们生活在科技日新月异的时代。他们的思维更加活跃，个性也更加鲜明。与此同时，社会对幼儿教育的期望也在不断提高，人们期盼孩子成为：

- ❁ 学习知识的"百事通"；
- ❁ 创造力十足的"小爱迪生"；
- ❁ 人际交往的"小能手"。

这样的变化对幼儿教师提出了更高的要求。

## 多元化的教育需求与个体差异

现代社会的多元化发展使人们对幼儿教育的需求也变得更加复杂。每个孩子都有独特的性格、兴趣与发展节奏，幼儿教师需要具备敏锐的观察力与灵活的教育策略，才能满足不同孩子的需求。

### 情感教育与心理支持的挑战

随着社会对幼儿心理健康关注度的提升，情感教育与心理支持成为幼儿教育的重要组成部分。幼儿教师不仅需要关注孩子的认知发展，还要关注他们的情绪与心理健康。

### 职业发展与自我成长的需求

幼儿教师需要不断更新教育理念与方法。如何平衡忙碌、烦琐的工作与更高效的自我成长，成为幼儿教师专业发展中的必修课。

在这样的背景下，幼儿教师面临着诸多挑战与难题：

❀ 如何平衡传统教育与现代教育理念？

❀ 怎样应对孩子的个体差异与特殊需求？

❀ 如何在快节奏的社会中保持对孩子的耐心与关爱？

这些问题不仅考验幼儿教师的专业能力，也考验他们的情感智慧与职业素养。

本书通过 100 个真实的教育案例，展现了幼儿教师在日常工作中可能遇到的各种情境与挑战，并提供了科学的解决策略。

### 倾听是教育的起点

每一个孩子的行为背后，都有其深层原因与情感需求。倾听，是读懂孩子的密钥。通过倾听，我们能发现孩子"不断洗手"行为背后的认真与坚持；通过理解，我们能读懂孩子乱发脾气的行为背后没有被看见的需求。正如《论语》中所言，"不患人之不己知，患不知人也"。只有用心倾听，才能真正走进孩子的内心世界，给予他们真正需要的支持与引导。

### 陪伴是最好的教育

教育不仅是知识的传递，更是心灵的陪伴。通过陪伴与示范，我们能帮助孩子克服跳绳的困难，从退缩变成自信；通过耐心的引导，我们能帮助孩子从"拖延"变成班级的"小老师"。幼儿教师不仅是孩子的引路人，更是他们的同伴与榜样。

### 情感联结是教育的基石

师幼之间的情感联结是教育的基础。幼儿教师用爱与耐心，与孩子建立信任关系，可以帮助他们找到自信与归属感。每一个孩子的情绪与表达，都值得被认真对待。只有用心感受，才能真正理解他们的喜怒哀乐，陪伴他们走过成长的每一步。

### 教育的"慢"哲学

在快节奏的社会中，成年人往往追求效率与结果，忽视了孩子的内心需求与成长节奏。让教育"慢"下来，给孩子足够的时间与空间去探索、犯错、成长。幼儿教师以平和的心态与温暖的行动，可以帮助孩子在和谐的氛围中茁壮成长。

这本书汇集了幼儿教育领域的多位一线教师的教育案例，既是对《3～6岁儿童学习与发展指南》的生动诠释，更蕴含了超越技术层面的教育哲学——最好的温情互动，是成年人以谦逊的姿态向儿童学习，在双向奔赴的心灵对话中，让教育真正回归生命对生命的滋养。

　　这本书中的每一个案例都蕴含着教育的智慧与反思，每一段故事都传递着师幼之间的情感联结与信任。这种反思视角，正是幼儿教师专业成长的重要途径。只有通过不断的学习与反思，幼儿教师才能真正成为孩子们成长道路上的引路人。愿每一位幼儿教师都能从"心"出发，走进孩子的内心花园。在那里，每一次的努力，都将浇灌出向上生长的力量。

# 第一篇

# 用心倾听
## 让理解生根，让信任开花

老师与家长在孩子的成长旅程中要学会倾听，倾听宛如一座明亮的灯塔，照亮他们前行的道路；又似一条温暖的纽带，紧密连接着亲子间及师生间的情感。倾听，不仅是简单地听见孩子的话语，更是深入他们的内心世界，感受他们的每一次情绪波动，理解他们独特的思维方式。孩子的每一句话，无论是天真无邪的童言童语，还是满心委屈的倾诉，都蕴含着他们对世界的认知与探索。当我们用心倾听时，孩子得到尊重与重视，他们就可以真切地感受到自己的存在意义非凡，从而在内心深处建立起强大的安全感与自信心。

倾听是爱的有声表达，让孩子在爱的滋养下茁壮成长。在教育领域，倾听是开启智慧之门的钥匙，助力孩子充分挖掘自身潜力，实现全面发展。让我们怀揣爱与耐心，踏上这场倾听孩子心声的温暖旅程，用真诚的倾听为孩子的成长保驾护航。

# 孩子到底要说什么

冯友兰先生说过："小孩子做某种事，完全出于他的兴趣。他可以写字，但并非欲成为一书法家；他可以画画，但并非欲成为一画家；他更非欲以写字或画画，得到所谓'世间名利恭敬'。他写字或画画，完全是无所为而为……所谓'行乎其所不得不行，止乎其所不得不止'。他做某种事皆是顺其自然，没有矫揉造作，所以他做某种事，是无所为而为，亦即无为。"

在幼儿园的一日生活中，孩子们常常会表现出"无为"行为，例如，老师请孩子们去取操作材料，有的孩子却在座位上一动不动；老师按活动预设进行提问，孩子们的回答漫无边际。孩子们在活动中经常出现老师预想、预设提问之外的行动或回答，每当遇到这些情况，老师可能会问：这个孩子没听懂我说的话怎么办？孩子不听话怎么办？我无法回应孩子的问题怎么办？这些都是孩子在具体活动情景中的"无为"行为，看似不着边际的回答背后往往是孩子没有表达清楚的意思或隐含的想法，孩子认为老师能读懂他的想法，那么处理好这些"无为"行为就是老师增长教育智慧的机会。

在一次户外活动中，一名幼儿对老师说："老师，你怎么只跑一步？"老师心想："我怎么会只跑一步，明明是两只脚在不停地交替运动呀！"

这是怎么回事呢？

原来是老师虽然两只脚一刻不停地动，但始终在原地运动，位置没有变化，距离只有一步。孩子的话很有趣，孩子问话背后的意思是希望老师和他们一起沿不同的路线往前跑。我请老师和孩子一起跑起来，老师在孩子身后边跑边问："你是说这样跑起来吗？"孩子微笑着点点头。

在集体活动中，老师提出的问题经常会得到孩子各种各样的回答，老师该如何应对孩子的回答，尤其是那些看似与活动目标没有联系的、毫无头绪的回答呢？其实，只要你仔细思考就会发现，孩子的这些回答一定有不恰当表述背后的积极思考。在一次活动中，孩子们讨论：纸怕什么？一个孩子回答："雷电。"当时，组织活动的老师没有回应孩子的回答，我很理解老师的心情，因为我们当时都不明白孩子为什么会说纸怕雷电。评课时，园长又提起了这个话题："为什么孩子说怕雷电？"猛然间，我想到：雷电容易让纸起火。一个老师马上说："雷电往往伴随着下雨。"这时，我们才恍然大悟，终于明白了孩子的言外之意。

原来孩子的回答后面有他们的潜台词，这个潜台词需要老师积极地去解读。孩子和成年人一样，都喜欢与懂自己的人在一起。解读了孩子的语言及语言背后的想法、情绪、意愿，他们就能感受到老师的接纳与理解，这会促使孩子学会正确地表达观点，激发孩子拓展性的思考，更能增进孩子和老师之间的感情，有助于师幼关系的进一步融合。

（肖华军）

## 评析

在过家家游戏中，"爸爸"把鱼和蛋糕一起炒，按成年人的经验，我们认为这样做是不可取的，可是孩子真的不知道吗？其实，孩子只是在享受玩的过程，而成年人却在按照自己的经验评判孩子的行为。

当我们对孩子的话语有所评判时，我们就听不懂孩子要表达的内心想法是什么。

只有当我们在全然接纳的状态下，用整个身心去倾听孩子的语言和行为时，才能读懂孩子在说什么。但当我们怀有任何自以为是的想法、见解时，就有可能被心里已有的想法所困住，我们要做的是应无所住，而"听"其心。

（肖华军）

## 孩子，我愿意聆听

在与孩子朝夕相处的每一天中，我们都能听到什么？孩子开心的笑声、教室一角好朋友之间的窃窃私语声？还是一声"老师"未叫完，你已然猜出后面内容的告状声？

可不可以听听孩子探索后的惊喜声音？可不可以听听孩子毫无逻辑的长篇表白？可不可以听听孩子语言背后的心声？

我告诉自己，也告诉孩子：亲爱的孩子，我愿意聆听。

### 1. 怀瑾小语

入园第一周，在午睡前，我坐在怀瑾（化名）旁边照顾他，见另一个孩子情绪不稳定，我便走过去准备安慰她一下，针对这件事，怀瑾运用了一系列的动词准确地"指导"着我的动作。

怀瑾："老师你过来。"

我抱着女孩来到怀瑾床前。

怀瑾："老师，你把她抱回去。"

我："如果抱回去，我就要在她床边抱着她。"

怀瑾："你把她送回去，再回来。"

我："送回去以后，我想在她旁边照顾她。"

怀瑾："你把她扔回去。"

我："扔？会把她摔疼的。"

怀瑾："我把她扔回去。"

我："你扔也会把她摔疼的。"

怀瑾："我把她领回去。"

见我仍然抱着那个孩子，怀瑾说："老师，你把她放下吧，她太重了，你歇歇。"

好可爱的宝贝，为了能够独享老师的爱，把自己丰富的词汇量好好练习了一番。如果不是亲身经历，你怎么能相信这是一个 2 岁的宝宝对老师说的话？

## 2. 搭积木

有一天，有个宝宝在搭建积木的过程中遇到了困难，不能继续建构下去，我对朗朗（化名）说："你可不可以过去帮帮他？"

一会儿，朗朗便回来了。我心想：在这么短的时间内就教完了吗？

原来可爱的朗朗走到朋友桌旁，找出其中一块积木放上去，说："这块积木放上去很关键，剩下的你自己完成吧！"

在旁观孩子教孩子的过程中，我学会了——教一半，留下更多的时间、空间给孩子，让他们自己探索，只有自己探索才能发现其中的奥妙。

谢谢朗朗！

### 3. 家长日

洗手间里，一个孩子走过来对我说："老师，明天是家长日。"

"哦？家长日？"我想了一下，不记得最近有家长开放日的活动安排。

"家长日，就是爸爸、妈妈来幼儿园看小朋友。"孩子见我满脸疑惑，进一步清楚地解释。

"不是其他老师来班里吗？"我仍然没记起有家长日。

"不是，是家长日。"孩子肯定地说。

"哦！"我没有否定孩子的说法，尽管我还是没有记起家长日，但我尊重孩子的认知。

第三天，我们又在洗手间里相遇了。

我已经忘记了家长日的事情。

"老师，昨天没有家长日。"那个孩子此刻这样对我说。

他还记得自己说过的话，也记得自己说的事情没有发生，他还记得把这件没有发生的重要事向我说明一下。

"哦！谢谢你告诉我。"

任何一个孩子都是独立的个体，需要我们尊重，也需要我们聆听。

我愿意怀着一颗虔诚的心聆听这些孩子探索后的惊喜声音，毫无逻辑的长篇表白、语言背后的心声。

（肖华军）

## 评析

克里希那穆提曾说，"听到"和"倾听"是有区别的。你能听到各种词句，并自认为从道理上理解了这些话。而倾听是带着全部的身体和心灵在听，听到的不只是有声的语言，还有眼神、情感、感觉，以及语言背后的心声，倾听是不带评判的接纳。

我们对孩子的倾听需要倾注自己的身体、感官，才能有所了解，我们不仅对内容有所了解，并且还要领会孩子每句话的含义，就好比这些话完全适用于我们自身一样。

倾听孩子就是接纳孩子的开始。

（肖华军）

## 额头红了

中午过后，孩子们陆续选择自己喜欢的玩具，有的孩子独自玩，有的孩子与同伴合作，看得出孩子们都玩得很开心。

当我走到程程（化名）身边时，发现程程的额头微红，于是我把程程叫到身边。

"程程，告诉老师，你的头怎么啦？"我问道。

程程想了想说："是我在家里碰的。"

我仔细看了一下，那处红不像是过了很长时间的样子，看来程程不想告诉我，我便不再针对事情是如何发生的进行追问了。

"程程，现在疼吗？"我心疼地问道。

程程摇了摇头。

这时，我发现大益（化名）不时地朝这边看，表情不是很自然，于是我把大益叫到身边。

"大益，你和程程坐在一起，你有没有看到程程的额头是怎么回事？"我的语气是平静的。

这时，大益低下头小声说："是我不小心碰的。"

"哦……"还没等我讲话，程程在旁边立刻说："老师，我一点都不疼，没事的。"

"原来是这样啊，那大益有没有向程程道歉呢？"我引导大益。

大益："我说'对不起'了，程程说'没关系'，我们俩是好朋友。"

程程："我们去玩吧！"

两个小家伙高兴地继续玩了起来。

我想这就是孩子的世界，我清楚地记得，当我问程程他的额头怎么了时，他不想说出是大益，因为他觉得他们是好朋友，只是两个人玩时不小心碰了一下。这也让我觉得程程是一个心思细腻的孩子，让我非常感动。而大益能非常坦然地面对自己做的事情，也是一个很有担当的男子汉。

站在孩子的角度，用欣赏、理解的眼光去看待他们，真的会发现一个不一样的世界。我非常庆幸我没有用自己的理解方式去对待这件事，而是耐心地倾听孩子的真实想法和感受，这让我有机会倾听孩子的心声，了解孩子是如何处理日常琐事的，有机会向孩子学习，这也是老师成长的好机会。

（张佳新）

## 评析

在许多成年人的眼中，无论从年龄、身高、社会经验的哪个方面来看，成年人都比孩子有着更多的优势，所以，成年人经常认为小孩子是一张白纸，是需要被成年人教导的。其实，孩子在交谈时并不是无知的，孩子的对话里经常隐藏着需要成年人解读的秘密。

老师对一个刚入园的孩子说："你真是一个好孩子。"旁边另一个男孩问老师："你说她是好孩子？"老师点了点头，微笑着对男孩说："嗯，你也是一个好孩子。"男孩笑了。男孩的提问不是在怀疑老师对同伴的评价，而是想确认老师对自己有着何种态度，当他了解到老师对他有着同样的认可时，他就得到了心中所想的问题的答案。

故事中，张老师看到孩子不想说出事情发生的原因，马上调整对话方式，关注孩子身体的感觉。当老师发现大益的眼神中藏着故事时，老师没有直接认定是大益造成的结果，老师平静的情绪，让大益感到安全，于是他才能主动描述事情的经过。老师知道事情原委后，用"哦……"这样的语言来回应，让孩子感到被尊重和接纳，而这一等待的时机，又让我们看到了全力维护朋友的程度。

一个小故事，一组对话，让我们看到孩子的内心世界，看到孩子的智慧。

孩子需要无条件的爱和安全感，只有孩子感觉到无论怎样这里都是安全的，他都是被爱着的，他才会真实地呈现自己，愉悦地生活。

（肖华军）

# 孩子的心声

"老师，宸宸（化名）和墨墨（化名）在洗手间玩水。"教室里传来小朋友的告状声，听到告状声后我赶紧来到洗手间，发现洗手池里接了半池的水，宸宸和墨墨的小胳膊正在池子里来回摆动！

我看了之后刚想批评这两个孩子，但看到他们可爱的样子，火气顿时就熄灭了，我蹲下来问："宝贝，你洗手怎么用了这么长时间？"

宸宸说："我们在玩大鲨鱼的游戏呢！"听到宸宸的话，再联想刚才他们的动作，还真像大鲨鱼在来回游动呢！

"嗯，这是个很有创意的游戏，不过不能在这里玩，等夏天到了，我们可以到院子的水池里玩。"宸宸和墨墨听了我的话后高高兴兴地和小朋友玩去了。

我很庆幸没有武断地解决问题，而是蹲下来了解孩子们的真实想法。我想，倾听与拒绝倾听，两种截然不同的态度得到的教育效果肯定是不同的。

这件事给我的启示是：面对一群天真无邪、充满奇思怪想的孩子，我们不能用简单的"对"与"错"来判断他们的行为。他们行为背后的真实想法，需要我们去倾听才能了解。

有些老师习惯打断孩子的话，否定孩子的想法，有时先入为主或粗暴武断，有时不屑一顾或自以为是。总之，我们有太多的理由不让孩子把话说完，孩子们一个个充满创意的想法就被成年人扼杀在了摇篮中。

这让我想起了前不久发生在班里的一件事。户外活动时，我征求孩子们的意见："孩子们，你们想玩什么游戏？"孩子们异口同声地说："跳皮筋，跳皮筋。"

只听奇奇（化名）用很低的声音说："我不想玩。"

为了满足大多数孩子的意愿，我没有及时回应奇奇。

孩子们玩得很开心，只有奇奇耷拉着脑袋，想到每个孩子都有表达自己心声的权利，我将奇奇叫到身边问："小朋友都想跳皮筋，你为什么不想玩呢？"

奇奇说："都玩好几天了，我想换个游戏。"

多么简单、真实的想法呀！老师只有认真倾听，才能了解孩子的真实想法。

老师在与孩子们相处的过程中，与其说是在教育孩子，不如说是在和他们共同成长。

（唐泽福）

## 评析

老师常会理所当然地认为玩水会弄湿袖子，或者在玩准备好的游戏前象征性地询问一下孩子的意见就行，这些做法看似尊重孩子的意见，实则是将大人的意见强加给了孩子，还美其名曰为了孩子好！孩子的想法是什么？这个问题总是容易被我们忽略。

教育离不开交流，交流离不开倾听。老师在教育中要学会倾听，这样才能了解孩子的真实想法，进而拉近自己与孩子之间的距离。

倾听花儿的声音，我们就能读懂花儿的心思；倾听溪水的歌声，我们就能读懂山林的呼吸；倾听孩子的心声，我们就能走进孩子的心灵。

（邢芳）

# 我也想做

活动前的集体讨论结束后，我请孩子们去选自己喜欢的区域进行活动。所有的小朋友都安静地一边进行活动，一边欣赏优美的音乐。

这时，我突然听见教室的某个角落传来一阵争吵声。仔细一看，在日常区的角落里，我发现琪琪（化名）和小岚（化名）正在争吵着。我走过去，看到地上摆放着投硬币的教具，两个孩子的小手都紧紧地抓着筐子不松手。

我瞬间就明白了。仔细一问，果不其然，他们是因为这个活动在争吵！

琪琪是小班的孩子，看到我过来，委屈地哭了起来。

小岚见状，马上解释说："是我先拿到这个的，他就和我抢！"

我问琪琪："是小岚姐姐先拿到的吗？"琪琪不情愿地点了点头。

我想，虽然琪琪小，但还是要让他懂得"先来后到"的原则。于是，我耐心地对琪琪说："你喜欢做这个活动对吗？等姐姐做完了你再做可以吗？"

我刚想让小岚先做，琪琪就气愤地大叫道："她天天都做这个活动，我从来都没有做过，我也想做！"别看琪琪小，观察得还挺细致。

"那你也不能抢啊！你应该先经过我的同意！"还没等我开口，小岚说话了。我一听，原来小岚愿意给琪琪玩，只是琪琪的方式不对。

于是，我连忙跟琪琪说："你快有礼貌地问问姐姐吧，姐姐愿意让你先做！"琪琪说："姐姐，今天让我做做这个活动吧！"小岚点点头，把教具递给了琪琪，琪琪开心地接了过来。

一场矛盾就这样解决了。其实有时候，孩子们之间的矛盾不需要老师做判官，他们有自己解决问题的办法，只是他们不会沟通，需要老师引导。因此，老师只要做一个耐心的旁观者，在适当的时机给予恰当的引导，所有的问题都会迎刃而解！

（杨帆）

## 评析

当大孩子和小孩子发生争执时，成年人常常喜欢批评大孩子，一味地让大孩子谦让小孩子。这样做的结果是大孩子感到委屈和压抑，对小孩子而言也不是好事，成年人的纵容只能滋生他们的任性。杨老师在这件事上处理得很好，当孩子发生争执时，她并不是简单地劝解，更没有偏袒小孩子，而是带着尊重和理解教孩子沟通的方法。

当孩子发生争执时，老师需要先观察和倾听，再判断什么时候介入以及如何介入。只要不发生危险，让孩子自己解决矛盾能够发展孩子的交往与合作能力，孩子的规则意识、和平共处的能力也是在不断的碰撞中逐渐发展和培养出来的。

（王小丽）

# 听！朵朵的心里话

午间洗手环节，朵朵（化名）又一次成了班级的"焦点"。在其他孩子嬉笑着两三下冲净双手时，她总是不紧不慢地站在水池前，低头摆弄着手指，甚至偶尔对着镜子自言自语。起初，我将她的行为定义为"拖延""注意力分散"，常以"朵朵快一点，后面小朋友在等"的催促打断她的动作。

这天，我来到洗手间看见只剩下朵朵一个人，这时，她的喃喃自语飘入我的耳中："你背背我，我背背你，来了一只小螃蟹……"她的手指在流动的水下缓慢而规律地移动，指尖相扣的弧度、揉搓指缝的力度，竟与我之前课上教的"七步洗手法"分毫不差。

我把朵朵叫过来，问她："你怎么洗手洗得这么慢呀？"

朵朵说："我在用你之前教的七步洗手法洗手，一边念着儿歌一边洗手，才能把手洗得很干净，这样细菌就不会被吃到肚子里啦！"

听了朵朵的话，我给朵朵竖起了大拇指，原来朵朵"慢吞吞"行为的背后，竟然是她认真地听了老师的话，按照正确的方法洗手。

我邀请朵朵担任"洗手小老师"，向其他小朋友讲解怎样正确洗手，她一边讲一边用手示范："这里要像螃蟹钳子一样交叉搓洗，不然细菌会躲在指甲缝里。"小朋友们听得很认真，都夸朵朵小老师当得好！

从那以后，朵朵成了班级里的"洗手监督员"，每次在洗手环节，朵朵都会站在洗手间里，检查小朋友们有没有认真洗手，"玥玥，你的手腕没有洗""团团，你的泡沫没有冲洗干净"，小监督员非常认真。我对朵朵说："如果你洗手洗得快一点，就更棒了。"

第二天，当我来到洗手间时，没有看到朵朵的身影，这时，朵朵跑过来对我说："老师，我每天都重复七步洗手法的儿歌很多遍，现在我已经洗得非常熟练了，我再也不是最后一名洗完手的小朋友了。"

后来，我跟朵朵的妈妈谈起朵朵为什么洗手洗得这么认真，朵朵的妈妈说，三个月前，孩子因急性肠胃炎住院，床头悬挂的七步洗手法海报成了她夜间恐惧时的守护符。朵朵的妈妈为强化记忆，在家模拟"细菌大作战"游戏，让朵朵将卫生习惯与身体健康悄然捆绑。从那以后，朵朵每次都会按照七步洗手法认真地洗手。

如果朵朵的喃喃自语不被听见，或许她现在还是像以前一样被贴着"慢吞吞"的标签，小朋友们也是继续敷衍地洗手。正因为我知道了朵朵的内心想法，并鼓励她将自己的经验分享给其他小朋友，才让其他小朋友懂得认真洗手的重要性，还赋予了朵朵责任，成为监督小朋友们洗手的监督员，朵朵自己洗手的速度也提升了。

有一天，朵朵第一个穿好衣服，跑到我身边，对我说："老师，我今天是第一名，我要当小朋友们的榜样！"我顿时非常感动，朵朵再也不像从前一样"慢吞吞"了，朵朵成长了，变得开朗自信，越来越棒了，我为她感到骄傲和自豪。

倾听，是教师送给孩子最珍贵的礼物——它让孩子相信，"我的声音值得被听见，我的世界有人懂"。让我们以耐心为舟，以尊重为桨，在这场温暖的双向奔赴中，与孩子共同书写成长的诗意篇章。

教育是一场心与心的相遇。在每一次倾听中，教师也在重新认识童年：从孩子身上学会用简单理解复杂，用真诚化解隔阂。放下成年人的节奏，蹲下来与孩子平视，用眼神和微笑传递接纳。耐心等待、专注倾听，最终让孩子从紧张变得自信。正如一位教师所言："每一次停顿，都是孩子整理思绪的契机；每一句回应，都是对他们的尊重。"

朵朵的故事，让我们重新审视教育中的"慢"哲学。当教师放下"标准化"的标尺，以倾听者的姿态对待幼儿时，那些曾被误读的"慢动作"，就会成为生命成长的动人轨迹。

（蒋一诺）

## 评析

朵朵的"慢吞吞"行为最初被老师定义为"拖延"与"注意力分散"，这种标签化的判断反映了成年人视角下对效率的追求。然而，当教师偶然听到朵朵的喃喃自语时，才发现她的"慢行为"背后是对"七步洗手法"的认真执行。这种发现正是倾听的力量——它让老师重新审视孩子的行为，并理解其背后的意义。"不患人之不己知，患不知人也。"教师通过倾听，真正理解了朵朵的内心世界，从而避免了误判与误解。或许正如蒙台梭利所说："教育不是追赶时光的竞赛，而是帮助生命慢慢展开的过程。"在这个过程中，我们不仅是观察者、引导者，更是被幼儿的成长智慧所滋养的终身学习者。

（范书娟）

# 开在教育花园里的"小花"

在幼儿教育的花园里，每一朵"小花"都有自己独特的芬芳和故事，作为一名幼儿教师，我有幸成为这片花园的守护者，倾听每一朵"小花"的声音。在这片花园里，总有一些故事让我难以忘怀。其中，在男孩小宁（化名）的故事里，倾听成为打开心灵之门的钥匙，让我看到了教育的另一种可能。

小宁是个聪明活泼的孩子，刚升入中班时，他对周围的一切都充满了好奇，总能积极地参与各种活动。然而，没过多久，我就发现小宁身上出现了一些不太和谐的"音符"。在自由活动时，他会故意推倒其他小朋友搭建的积木；在小组讨论中，他常常打断别人说话，甚至会用一些不太友好的言语去攻击小伙伴。这些行为与他刚入园时的表现大相径庭，我意识到，小宁的身上一定发生了什么。

为了了解事情的真相，我开始更加留意小宁的一举一动，并找机会与他交流。有一次，在绘画活动中，我发现小宁画了一幅画，画面上有两个小男孩，一个在哭，另一个手里拿着玩具在笑。

我坐在他旁边，问他："小宁，你能给老师讲讲你画的是什么吗？"

他看了看我，犹豫了一下，小声地说："这是我和哥哥，哥哥总是抢我的玩具，我哭了他也不管。"

听到小宁的话，我心里一紧，看来他在家里的经历对他产生了不小的影响。

经过进一步的了解，我得知小宁的哥哥学习成绩不太好，在学校会受到老师的批评和同学的嘲笑。回到家后，哥哥就把这些负面情绪发泄在了小宁身上，久而久之，小宁不自觉地就会出现这些行为。

　　了解到这些情况后，我知道小宁需要的不是批评和纠正，而是理解和关爱。于是，我决定从倾听他的心声开始，走进他的内心世界。在接下来的日子里，我每天都会抽出一些时间和他单独聊天，让他说一说自己的感受和想法。我发现，每当我认真倾听他说话时，小宁的眼神里都会透露出信任和依赖。

　　有一天，户外活动结束后，孩子们都在排队洗手。突然，我听到了一阵哭声，我连忙跑过去，看到小宁和小伙伴发生了冲突——小宁把一个小朋友推倒在地。我急忙走过去，扶起摔倒的小朋友，同时用询问的眼神看向小宁。小宁低着头，没有看我，脸上露出了一丝害怕和愧疚。见状，我只好先去处理那个摔倒的小朋友的伤口，再带小宁来到区域的角落里。

　　我蹲下来，看着小宁的眼睛，轻声地问道："小宁，你和小朋友之间发生了什么事情？可以告诉秦老师，你为什么要推倒他吗？"

　　小宁沉默了一会儿，然后带着哭腔说："我不是故意的，我只是想和他玩，但是他不跟我玩，还让我走开。"

　　听到小宁的解释，我心里一阵心疼。我轻轻地抱住他，说："老师知道了，是小朋友的话让你感到难过了，但是你这样做让小朋友受伤了，他会很疼的。如果你想和小朋友一起玩，应该用友好的方式去和对方交流，比如问问对方愿不愿意和你一起玩，或者把你的玩具分享给他们。"

　　小宁听了我的话，点了点头，说："老师，我知道错了，我以后不会再这样做了。"

　　从那以后，我更加关注小宁的情绪变化和行为表现。每当他有进步时，我都会及时给予表扬和鼓励；每当他遇到困难时，我也会耐心地引导他，帮助他找到解决问题的方法。在这个过程中，小宁也逐渐变得开朗起来，他与小伙伴之间的关系也越来越融洽了。

然而，真正让我感受到倾听力量的时刻，是在一次关于"爱的表达"的主题活动中。在活动中，我让孩子们为妈妈制作一张贺卡，并说一说自己想对妈妈说的话。轮到小宁时，他站在大家面前，有些紧张地说："妈妈，我以前总是调皮捣蛋，让你生气了。其实我很爱你，我想做一个好孩子，不让你再操心。"说着说着，小宁的眼眶红了，我的心也被深深地震撼了。原来，在这个小小的孩子心里，藏着这么多的爱。

那一刻，我明白了，倾听不仅是听到孩子的话语，更是要感受到他们内心深处的情感。作为一名教师，我们要用心去倾听每一个孩子的心声，去理解他们的感受和需求。只有这样，我们才能走进孩子的内心世界，给予他们真正需要的关爱和教育。

在与小宁相处的这段日子里，我深刻地体会到了倾听的重要性。它就像一座桥梁，连接着教师和孩子的心灵；它又像一束光，照亮了孩子内心深处的黑暗角落。通过倾听，我看到了小宁的成长和进步，也收获了他对我的信任和喜爱。

在未来的教育道路上，我将继续保持倾听者的姿态，用心去感受每一个孩子的喜怒哀乐，用爱去浇灌每一朵"花朵"。因为我相信，只要我们愿意倾听，教育之花必将在孩子们的心田里绽放出最绚烂的光彩。

（秦茗茗）

## 评析

在绘画活动中，小宁通过画作表达了对哥哥的不满与对家庭的困惑；在主题活动"爱的表达"中，他勇敢地说出了对妈妈的爱与歉意。这种情感的释放，正是倾听带来的积极影响。"恻隐之心，仁之端也。"老师通过倾听与共情，帮助小宁找到了情感的出口，也让他学会了如何用积极的方式表达自己。

小宁的"调皮捣蛋"正是他对家庭环境的反应与对情感需求的呼唤。老师通过倾听与理解，不仅帮助他找到了自信，也让他学会了如何与同伴友好相处。

小宁的故事，让我们重新审视教育中的"倾听"哲学。当老师放下"标准化"的标尺，以倾听者的姿态贴近幼儿的心灵时，倾听就会成为教师送给孩子的珍贵礼物——它让孩子相信，"我的声音值得被听见，我的世界有人懂"。让我们以耐心为舟，以尊重为桨，在这场温暖的双向奔赴中，与孩子共同书写成长的诗意篇章。

（李玲）

## "臭屁"抱抱

倾听孩子的心声，是教育工作中不可或缺的一环。它要求教育工作者具备高度的同理心与敏感性，能够敏锐地捕捉到孩子的情绪变化与内心需求。比起解决问题，更重要的是倾听孩子的感受。孩子也是完整、独立的个体，需要被理解、被倾听。

我的班级里有个"特立独行"的小孩叫冬冬（化名），他很聪明，动手能力很强，他在班里属于"自由派"，有着自己的小个性。

开学初，在一节语言活动课上，我给小朋友们讲了《大熊的拥抱节》这一绘本，冬冬搬着椅子坐在了我的身边。大家一同沉浸在故事中，听完故事后我和孩子们展开了讨论：如果我们也举办拥抱节，你想拥抱谁，并说说你的理由。孩子们争先恐后地表述自己的内心想法，也用拥抱回馈身边的伙伴。活动接近尾声，坐在我身边的冬冬脸色越来越凝重，他像故事里的大熊一样，没有得到一个拥抱。

我转身对冬冬说："我要拥抱冬冬，因为今天冬冬主动参加集体活动了。"

冬冬并没有向我展开双臂，大喊起来："什么臭屁拥抱节，我不需要朋友，我不用拥抱……"

孩子们看到冬冬的反应都怔在原地。当我问其他孩子是否愿意和冬冬交朋友并拥抱他时，孩子们的答案各不相同："我有点害怕他。""他都是自己玩。"

我认为，真正的教育，是心与心的交流，是情感与情感的共鸣。于是，我在班级中开展了"夸夸我的朋友——冬冬"的活动。

"冬冬最会画导弹车。"

"冬冬是我们班力气最大的小朋友！"

"冬冬在午休时能睡一会儿了，自己醒了怕打扰我们就做手工，是个有爱心的大哥哥。"

"冬冬最爱看书，还带了很多绘本和我们一起分享。"

听着小伙伴们的夸赞，冬冬紧绷的面容渐渐舒展了。

我说："哇，原来小朋友们把冬冬的进步都看在眼里了，有没有人愿意给冬冬一个拥抱呢？"

孩子们热情地举起了手。冬冬起初有些抗拒，但当小伙伴们一波波涌向自己时，冬冬也像"大熊"一样拥抱着一个又一个的朋友，也夸起了每个伙伴的优点。

事后，冬冬对我说："李老师，你知道吗，我还是个信守承诺的人，我答应别人的事会努力做到。"

我说："这可真了不起，小小年纪就能对自己说的话负责。"

冬冬："李老师，今天我拥抱了 21 个朋友，明天我要把其他朋友拥抱个遍。"

我说："信守承诺，说到做到哦！"

冬冬："一言为定！"

每个人都有属于自己的骄傲，也都有属于自己的脆弱。当我们试着去倾听孩子内心最真实的声音时，一定也会得到最真实的反响。耐心倾听，蹲下交流，从与孩子产生情感共鸣开始，走进孩子的内心世界。

（李玲）

## 评析

这个师幼对话的案例，充分表明了倾听孩子心声、关注孩子内心感受的重要性。面对冬冬的孤独与抗拒，老师没有急于解决问题，而是耐心倾听、温柔引导，通过鼓励孩子们夸赞冬冬的优点，帮助他重建自信、融入集体。在这个过程中，老师蹲下来与孩子平视、构建情感共鸣的做法尤为值得称赞。这不仅让冬冬感受到了被尊重和理解，也让其他孩子学会了欣赏和接纳他人。最终，冬冬成功打开了心扉，与伙伴们建立了深厚的友谊。这一案例再次证明，倾听孩子的心声、关注孩子的内心感受是教育工作中不可或缺的一环。

（肖华军）

## 神秘宝藏的秘密

在幼儿园这片小天地里，每天都在上演着纯真而美好的故事。作为一名幼儿园教师，我深知耐心倾听是开启孩子内心世界的一把神奇钥匙。在与孩子们相处的点点滴滴中，那些因倾听而带来的温暖、欢笑与成长，如同璀璨星辰，照亮了彼此的时光。

那天晨间活动结束后，孩子们围坐在一起分享自己的周末趣事。家赫（化名）兴奋地高高举起小手，脸蛋涨得通红，眼睛里闪烁着光芒，迫不及待地想要开口。我微笑着向他点头示意，他立刻站起来，大声说道："老师，我和爸爸、妈妈去爬山啦，山上有个超级大的洞，我觉得里面肯定藏着海盗的神秘宝藏！"其他孩子听到"宝藏"二字顿时兴奋起来了，争先恐后地议论着。有的孩子说宝藏肯定是金银珠宝，有的孩子说还有魔法宝剑。

看着热闹的场面，我轻轻拍了拍手，用柔和的声音说："听起来好有趣呀，家赫，你快和大家仔细讲讲，后来怎么样啦？"

家赫得到鼓励，更加绘声绘色地描述起来："我们走到洞口，黑漆漆的，可吓人了。但是我一点都不害怕，我还听到里面有滴答滴答的声音，像神秘的咒语。我想进去找宝藏，可是爸爸、妈妈说危险，不让我去。"他一脸遗憾，小脑袋耷拉下来。

我蹲下来与他平视，耐心地问："那你心里是不是特别想去探个究竟呀？"家赫猛地点点头。这时，我趁机引导孩子们一起讨论：如果遇到危险的洞口，我们该怎么办？勇敢冲进去，还是先保证自己的安全？

孩子们纷纷发表意见，在热烈的交流中，他们明白了冒险需要勇气，但更要懂得保护自己。而这一切，都源于对家赫心中那个"神秘宝藏"故事的耐心倾听，这让一次普通的分享变成了一堂生动的安全教育课。

在接下来的日子里，家赫的"神秘宝藏"故事成了孩子们津津乐道的话题。他们开始用画笔描绘自己心中的宝藏，用积木搭建想象中的洞穴，甚至编出了许多关于宝藏的奇妙故事。而我也从这些故事中看到了孩子们无限的想象力与创造力。

通过耐心倾听，我不仅走进了孩子们的内心世界，也让他们在分享与探索中学会了思考。每一次倾听，都是一次心灵的对话；每一次引导，都是一次教育的契机。在幼儿园这片小天地里，倾听如同一把神奇的钥匙，打开了孩子们心中的宝藏，也点亮了他们成长的星空。

（吴新颖）

## 评析

老师没有因为孩子们的"乱哄哄"而打断他们的讨论，而是通过耐心倾听，鼓励家赫详细描述他的经历。老师在倾听的基础上，巧妙地引导孩子们从"宝藏"话题转向对安全教育的讨论，将孩子们的注意力从单纯的冒险幻想转移到现实中的安全问题。这种引导不仅让孩子们明白了冒险需要勇气，更让他们学会了如何保护自己。这种教育方式既尊重了孩子的兴趣，又实现了教育目标，体现了老师的教育智慧。

（肖华军）

## 老师的名字，可以叫吗

阳光洒在餐盘上，里面的肉看起来金灿灿的。范范（化名）嘴里含着饭还来不及咽下去就说："夏老师，我还想吃肉。"我下意识地问配班陈老师是否还有肉。"还有，夏老师。"说着，陈老师就端着餐盘走过来，给范范添上。

范范眯着眼笑着说："谢谢璐璐。"

旁边的思妍（化名）听见了，说："陈老师大名叫陈璐。我还知道夏老师大名叫夏凡。"

旁边的小高（化名）听到后说："不能这么叫陈老师，这样不礼貌。"

一时间，周围的小朋友开始你一言我一语地说起来："对！这样没礼貌。"

面对小朋友的"围攻"，范范有点招架不住了："我就是说着玩的。"

看着范范着急的样子，我也很想了解孩子们的想法，于是在午餐结束后，我们展开了一场讨论。

我问大家："你们喜欢老师叫你们的名字还是叫小朋友？"

小高说："我喜欢老师叫我名字，因为我的名字好听。"

范范说："我喜欢老师叫我大哥，特别好玩。"

思妍说："我都喜欢，因为思妍是我，小朋友也是我。"

我回想自己平时确实没有特别在意名字，有时会叫他们宝贝，有时会开玩笑地叫孩子大哥。但是集体教学活动时，我都只会称呼他们大名。

我继续问："那小朋友可以叫老师的名字吗？"

小朋友们纷纷回答：

"可以，因为人人都可以叫对方的名字。"

"可以，因为我也会叫爸爸、妈妈的名字。"

"不可以！妈妈说不可以就是不可以。"

"老师是大人，小孩不能叫大人名字，这样不礼貌。"

"如果老师同意你叫名字，那你就可以叫。"

我又问道："那到底什么时候可以叫名字，什么时候要叫老师呢？"

对于这个问题，小朋友们也有不同的看法：

"玩游戏的时候可以。"

"说悄悄话的时候可以，妈妈就会叫我名字，然后对我说'我爱你'。"

"上课的时候要叫老师。"

"需要帮助的时候得叫老师，想妈妈的时候也得叫老师。"

"在班里叫名字，出去的时候叫老师。我奶奶就这样在家里叫我小名。"

这时，一个孩子追问了一句："老师，你喜欢我们叫你的名字，还是叫你老师？"

"你们猜猜我喜欢什么？"我好奇地问

孩子们又纷纷回答：

"我猜你喜欢我们叫你老师，因为当老师很自豪。"

"我觉得你喜欢我们叫你名字，因为很开心。"

"我猜你什么都喜欢，因为你喜欢我们。"

我被孩子们的话逗笑了，说道："你们叫我名字，肯定是因为喜欢我，想和我做朋友，对吗？"孩子们点了点头。

我告诉孩子们："老师喜欢自己的工作，所以当你们叫我老师时，就像在提醒我还有一个重要的使命——帮助和陪伴小朋友长大。其实，叫什么不重要，相互喜欢才重要。"

话刚说完，一个孩子抱住了我："夏老师，我们喜欢你。"孩子们簇拥着将我抱紧。

我们总是刻板地将教书先生的模样刻在脑子里。直接叫老师的名字，在我们的文化里往往会被认为是没有礼貌的行为。

但这次的讨论让我感受到了孩子对我的喜爱，情感才是我们最重要的联结。

（夏凡）

## 评析

夏老师通过一次午餐后的讨论，巧妙地引导孩子们探讨了关于称呼的礼仪与情感联结的深层问题。这个故事生动地展示了如何通过倾听与引导，帮助孩子们理解称呼的意义，并在此基础上建立更深厚的情感联结。

老师的爱与智慧，不仅让孩子们学会了社会规则，也让他们感受到了被尊重与理解。这种教育方式，正是幼儿教育中最为珍贵和有效的部分。它提醒我们，教育不仅是知识的传递，更是情感的交流与心灵的碰撞。只有通过理解与支持，老师才能真正帮助孩子们在成长的道路上走得更远、更稳。

（肖华军）

## 你说，我在听

在欢声笑语与哭闹声交织的幼儿园里，我时常在琐碎的日常中寻找着教育的意义与价值。我会想，孩子们的感受是怎样的？他们的声音，我都听见了吗？

### 事件一：贺贺的空白画纸

有一天，孩子们正在进行绘画活动，我在教室里观察着。这时，我看到贺贺（化名）的纸上一片空白。我走过去，轻声问："贺贺，你为什么不画呀？"

他低着头，小声说："我不想画。"

我以为他只是心情不太好，便鼓励他："没关系的，大胆画，画错了也没关系。"

可贺贺还是不为所动。见他仍不动，我便转身去指导其他孩子。

我又转过来再次准备离开时，他忽然拉住我的衣角，说："老师，我画的树总是歪的。"

我蹲下来，和他平视："歪的树多有特点呀！你看，歪歪的树像不像在跳舞？"

贺贺的眼睛亮了起来："真的吗？"

我点点头："当然啦！下次你给我画一个好不好？"

他想了想，小声说："那我试试吧！"

第二天，贺贺真的递给我一张歪歪扭扭的画，还得意地说："老师，这是会吃彩虹的树！"

我笑着接过画："哇，这棵树真特别！它还会吃彩虹呢！你是怎么想到的呢？"

贺贺兴奋地说："因为彩虹很漂亮，树也想尝尝它的味道！"

我摸了摸他的头："你真有创意！下次再画一棵会飞的树，好不好？"

他用力点了点头说："好！"

孩子的"不会"背后往往藏着未被接纳的胆怯。而教师的鼓励与支持，正是打开他们心扉的钥匙。

### 事件二：小瑜的眼泪

午睡时，小瑜（化名）躲在被子里抽泣。我轻轻走过去，掀开被子的一角，小声问："小瑜，怎么啦？"她哭得更凶："我想妈妈……"我想到小瑜的妈妈出差一周，她应该是好几天没看到妈妈了。她告诉我小书包里还藏着妈妈临走时塞的糖果。

我轻轻抱住她："老师小时候也想妈妈，每当我想妈妈时就把糖纸叠成小星星，许个愿，妈妈就能听到我的愿望。"

小瑜抬起头，眼泪汪汪地看着我："真的吗？"

我点点头说："当然啦！我们一起试试，好不好？"

她从书包里掏出糖果，小心翼翼地剥开糖纸。我接过糖纸，和她一起折成星星："每颗星星都是想妈妈时说的话。"

小瑜破涕为笑，把星星塞进我的掌心："这颗是妈妈的眼睛。"

我笑着问："那这颗星星会说什么呢？"

她想了想，小声说："它会说，妈妈很快就回来了。"

我轻轻抱住她："对呀，妈妈很快就会回来的。在这之前，老师会一直陪着你，好不好？"

她点点头，脸上露出了笑容。

孩子的眼泪里，藏着最直白的依恋。而教师的陪伴与理解，正是抚平他们内心不安的良药。

倾听孩子的心声，并不是一时的行为，而是一个持续的过程。如今，我总是会随时准备着"翻译"孩子的情绪。当他们说"老师，你看！"时，我会蹲下，看着他们的小眼睛，听他们所说，想他们所想。

正如克里希那穆提所说："不带评论的观察是人类智力的最高形式。"而我想说，蹲下来的那一刻，我们才能看见孩子眼里的星河。每一个孩子的情绪与表达，都值得被认真对待。只有用心倾听，才能真正走进他们的内心世界，陪伴他们走过成长的每一步。

（李春雨）

## 评析

　　这个故事中的老师通过蹲下来倾听孩子的声音，从"管理者"变成了"支持者"，这样做不仅拉近了老师与孩子之间身体的距离，更拉近了心灵的距离。正如《师说》中所言："师者，所以传道受业解惑也。"老师不仅是知识的传递者，更是情感的引导者与支持者。

　　"致中和，天地位焉，万物育焉。"每一个孩子的情绪与表达，都值得被认真对待。只有用心倾听，才能真正走进他们的内心世界，陪伴他们走过成长的每一步。

（肖华军）

## 爱国小卫士

　　教育是场静待花开的修行，唯有蹲下来，才能看清童稚褶皱里藏着的星辰。在孩子的小小世界里，每种表达都有独特含义。望着孩子们追逐嬉戏的身影，我总会想起那些被误解又终被理解的瞬间。

　　那日曲棍球游戏分组时，本来对游戏期待不已的小西（化名）突然像只小刺猬，攥着黄色球杆的指节发白，小脸涨得通红。其他孩子早已列队站好，场地里只剩一根黄色球杆。我轻声哄劝："黄队需要你这样的勇士呀！"却换来更激烈的摇头。眼看活动要陷入僵局，我拉着他汗津津的小手蹲下来："能告诉老师，你为什么一定要加入红队吗？"

"红色代表中国，我是中国人。"孩子坚定的声音像颗小石子投入我的心湖。这时，我才注意到他衣襟上歪歪扭扭的国旗贴纸。我所有的缓兵之计在"我是中国人"这句宣言前都失效了。

"原来小西是爱国小卫士！"我取来红丝带系在黄队球杆上，"现在这是中国队的专属武器啦。"小西欣然接受了这个说法，举着飘扬的红丝带冲进球场。这个把爱国情怀具象化为红色球杆的孩子，用最朴素的方式守护着内心的图腾。我忽然明白：在那些看似任性的坚持里，都藏着等待被看见的珍贵初心。

同样值得被珍视的，还有那些不经意间的成长喜悦。记得那天，高兴（化名）整个上午都在我身边转悠，反复念叨："我力气可大了。"我随口应着："真厉害！"却未察觉孩子衣兜里藏着的秘密。直到听同事说起他主动帮忙搬乐器的事，才惊觉那些碎碎念原是孩子捧着成就感的稚嫩献礼。午饭后我特意找到他："你上午用大力气做了什么了不起的事呀？"

阳光斜映在孩子期待的小脸上，他眼睛亮晶晶的："我帮张老师搬了三个大箱子！"他伸出三根手指比画着，又害羞地缩回手。这次我郑重地竖起大拇指："你真是幼儿园的大力士守护神！"这次，孩子开心地跑向了小伙伴。他雀跃的身影仿佛在告诉我，原来童心的表达常常裹着羞涩的糖衣，需要教育者用温柔慢慢融化。

在这方童趣盎然的天地里，我渐渐学会放慢脚步。那个固执收集落叶的孩子，其实在触摸季节更迭的韵律；那个因纽扣错位哭泣的姑娘，正在建立对秩序的认知。当我们不再急着纠正"错误"，而是先蹲下来触摸童心的温度，那些曾被误解的倔强、絮叨、执拗，都会显露出成长的纹路。就像小西的爱国情怀需要红丝带来承接，高兴的助人喜悦需要真诚的回应，每个孩子都在用自己的方式叩击着理解的门扉。

教育从来不是单方面的指引，而是两颗心互相照亮的过程。如今，面对孩子的每个"非常时刻"，我都会先蹲成与他们齐平的高度。这不仅是身体的接近，更是心灵的靠近——当我们不再急着纠正"错误"，而是用温柔的怀抱承接童真的温度时，那些稚嫩却蓬勃的成长密码，自会在理解的土壤里抽枝展叶。这或许就是教育最本真的模样——用等待晨曦的耐心，守护每一朵花开的轨迹。

（魏瑜）

## 评析

孩子的行为往往蕴含着深层次的情感与需求，教师的任务不仅是纠正行为，更是通过倾听与理解，找到行为背后的原因，并给予适当的引导与支持。

小西和高兴的故事生动地展示了教师如何通过理解与接纳，帮助孩子表达自我、实现成长。教师的爱与智慧，不仅让孩子感受到被尊重与认可，也为他们的成长提供了持续的动力。这种教育方式，正是幼儿教育中最为珍贵和有效的部分。

（肖华军）

# 第二篇

# 全然接纳
## 情通才能理达

情与理的交融，是人际关系和谐的基石，是有效沟通的关键，情与理相辅相成，教育才能达到事半功倍的效果。在孩子的成长道路上，每一次的共情互动，都如同在他们心中种下一颗温暖的种子，随着时间的推移，这些种子会生根发芽，绽放出通情达理、善良包容的美好之花。

在教育引导方面，情与理的配合同样重要。老师想要让孩子明白道理、养成良好的习惯，首先要关注孩子的情感需求，以关爱给予温暖，以理解予以包容。当孩子切实感受到老师的关爱与尊重时，便会对老师产生信任和亲近感，这种情感基础能促使他们更主动地接纳道理、践行良好习惯。

在这个过程中，理性的引导不可或缺，老师采用恰当的方式与清晰的逻辑，将道理的内涵与习惯的价值有条理地呈现给孩子，并通过玩游戏、做示范等途径帮助他们理解与实践。只有情与理相辅相成，教育才能达到事半功倍的效果，进而助力孩子养成受益一生的良好习惯，促进其个性实现自然、健康的发展。

# 面对情绪失控的孩子

晚餐前到班级观察工作，我听到小志（化名）在大哭，无论老师说什么他都不听。

我走过去，问道："什么事让你不开心了？可以说给我听听吗？"

"谁来也不行，"听了我的话他继续边哭边大喊，"什么都是假的，我谁的话也不听，你们都骗人，我就是要玩，我想玩什么就玩什么！"

我问老师发生了什么事情。老师说："下午户外活动，玩了没有多长时间就开始下小雨了，我就带孩子们回到教室。回来后小志就表现出不开心的样子。后来我让孩子们自选区域玩，结果没玩多长时间，又要准备吃饭了，小志没玩够就情绪爆发了，怎么哄都哄不好。"

我觉得小志的情绪完全可以被理解和接纳，当下最重要的是让他的情绪平静下来，吃好晚餐。

于是我说："好的，老师知道你没玩够，你的心情我们都理解。"

一听到我这样说，他继续大声喊："我以后也这样，想玩什么就玩什么！"

我心想：总是这样可不行。于是就说："以后的事情以后再说。"

一听我没有答应，他哭闹的声音更大了，并且继续对抗："我就要这样，想玩什么就玩什么，你们谁也管不了我，你也管不了我！"

我突然意识到：孩子在闹情绪的时候，其实是在发出爱的呼救。此时此刻不是说教的时候，安抚情绪才是重要的。我的目标是先让他平静下来，当他情绪激动时，如果我和他对抗，只能激发他更激烈的对抗。

于是我让自己平静下来，真诚地对他说："无论怎样你都是可以的，我们都爱你，老师和小朋友们都爱你。"

"明天我不来了！"听我这样说，小志转变了话题，出难题考验我的耐心。

我继续真诚地说："无论怎样你都是可以的，我们都爱你。"

"明天我来了就打所有老师，还有你，还有……"

我继续耐心地说："无论你怎样，我们都爱你。"无论他说什么，我都这样回答他，他继续发泄，然而声音越来越小，眼泪也少了很多。

当他平静了一些后，我问他："现在你是去喝点水还是再哭一会儿？"

"我想喝水了。"小志突然不哭也不喊了，站起来就走了。喝完水，他居然很平静地去吃饭了。

面对他如此迅速的变化，我无比惊喜，同时我也深深地感受到接纳与爱的力量。

看着平静下来去喝水、吃饭的小志，我告诉老师："刚才我说的是'无论怎样你都是可以的，我们都爱你'，这个'你'是指他的身份，不是指他做的事，我没有说打人是可以的，等明天小志平静的时候你们再找他谈谈，告诉他为什么不能继续玩了，让他懂得有时候不是自己想做什么就能做什么，想玩什么就能玩什么。"

我知道，当孩子情绪好时，他是愿意和老师合作的。

（赵子惠）

## 评析

当孩子情绪不好时，老师只讲道理是没有用的。"情通才能理达"，孩子是感性的，当感受到老师的爱和尊重时，孩子才愿意按老师的要求去做。同时，每个孩子在哭闹时其实内在都是在呼唤爱，当他感受到爱时，不良情绪就会慢慢平复。对孩子表达爱，不仅关乎怎样说，还关乎内心是否真诚。

需要注意的是，老师一定要区别这两个说法的不同之处："无论怎样你都是可以的，我们都爱你"与"你打人是可以的，我们都爱你"是不一样的，显然第二个说法是错误的。文中说的"你"指的是这个孩子的身份，有错的是他的行为而不是他这个"人"。同时，文中没有用"你打人是可以的"这样的表达，而是换了一个模糊的词汇"无论怎样"，这样孩子在潜意识里感受到的是"我是可以的"，而不是"我打人是可以的"。

（王小丽）

## "执拗"的孩子

早晨我在楼梯口看到原来班级里的小雅（化名）宝贝，妈妈正抱着她，孩子趴在妈妈的肩头伤心地哭着……一年前小雅刚入园时拼命挣扎、号啕大哭的情景历历在目；一年后的今天，面对新的环境、新的老师，小雅的焦虑减轻了很多。但是看到昔日的宝贝这般哭泣，我的心里还是有些酸酸的……

如今又是一年分班时，怎样才能让孩子尽快适应，接纳新环境、新老师呢？

班里有一个叫琦琦（化名）的男孩，他是个很有主见的孩子。分班的第二天早晨，琦琦有些闹情绪，别的孩子都在自己座位上吃早餐，琦琦却执意不肯回到自己的座位上，也拒绝吃早餐。于老师问他想坐在哪里，他说想坐在计算机旁边。于是，我们同意了他的要求，允许他坐在计算机旁边。当其他孩子吃完早餐在座位上玩玩具时，琦琦主动回到集体中，和孩子们愉快地玩起来。

第三天早晨，琦琦还是有些负面情绪，这次他要求坐在钢琴旁边，坐了一会儿后又转移到了小屋里。他一个人静静地坐在那里，无所事事的样子，像是一个小思考者、观察者，小心而谨慎地观察着周围的一切。但是当区域活动开始时，他也结束了独处，愉快地融入小朋友中间。

第四天早晨，这个执拗的小家伙又要求坐在教室通道边，我们依旧采取接纳的态度，满足他的心理需求，这次，琦琦坐了不到五分钟就回到座位上了。之后，琦琦再也没有负面情绪了，每天都高高兴兴地来幼儿园。

当洪水来临时，最有效的方法不是围堵，而是疏导。孩子的情绪亦如洪水。

每个孩子都是独立的个体，都有自己的情感。当孩子踏入新环境时，他不仅需要接纳新环境，还需要接纳新教师、新同伴……他需要接纳这么多新事物，内心是恐慌的、无助的，于是他们就会以哭闹的方式来发泄自己的情绪。如果我们理解孩子、接纳孩子的负面情绪，那么孩子就会很快消除恐慌，融入新环境。

（江鹏鹏）

## 评析

许多人可能都有一个错误的认识，即觉得负面情绪是不好的，是不被允许的，它一旦出现，我们就忙着否定、压抑它。

然而，错的不是情绪本身，而是我们对待情绪的态度。

所以，当孩子在生活中出现负面情绪时，不要把它想得那么严重，更不要急于指责、纠正孩子。就像这个案例中执拗的小家伙，老师允许他有负面情绪并接纳他的负面情绪。我们要有耐心，给孩子足够的时间，让他们明白：即便自己有生气、伤心、急躁这些负面情绪，也是正常的，可以被理解的，这本身不是一件"错"事。

（邢芳）

# 让我陪在你身边

侯侯（化名）因为皮肤过敏，住了半个月的医院。回到幼儿园时，他看起来比较虚弱，脸色蜡黄。侯侯紧紧地抱着妈妈的脖子不愿意分开，妈妈说："这几天侯侯在医院输液一直让我抱着，一步都不让离开！"

我一边安慰侯侯的妈妈，一边从她手里抱过侯侯，这时，侯侯大声哭起来。侯侯一边哭，一边说："我要妈妈，我要妈妈……"我轻轻地拍着他的肩，说："嗯！我知道你要妈妈，我理解你，老师在这里，老师爱你，我一直陪着你！"

　　侯侯还是不停地说"我要妈妈，我要妈妈"，我知道，侯侯这时候情绪不稳定，身体上的不舒服会加深他对母亲的依赖，如果这时安慰他不要哭，那他的不安与难过则无处宣泄，于是我只是一遍一遍地说："嗯！我知道，老师爱你，我一直陪着你……"

　　过了好长一会儿，侯侯的哭泣声变小了，轻声说："我想喝水！"

　　我说："嗯！好！我们去喝水！"

　　在我放下他的那一刻，侯侯拉着我的手说："你陪着我吧！"

　　我回应道："嗯！我一直陪着你！"侯侯此刻的眼神不再那么不安，我知道他的情绪正趋于平静。

　　孩子产生负面情绪，正是由于他对周围环境感到不安，此时，老师更要给孩子在环境和心理上营造一个安全的氛围，老师温柔的坚守和温暖的陪伴，会帮助孩子走出不安的情绪！

　　当你看见孩子孤独无助地哭泣时，敞开怀抱，温暖而坚定不移地陪在他身边吧！

（张琦）

## 评析

　　在孩子出现负面情绪时，老师不要阻止孩子宣泄负面情绪，而要接纳孩子的内在情绪并与孩子共情。"老师知道你不开心了，老师理解你，老师爱你，老师在这里陪着你……"

　　案例中的老师只是一遍一遍地说："嗯！我知道，老师爱你，我一直陪着你……"孩子的情绪就慢慢平静下来了，这就是陪伴孩子，和孩子共情的神奇魔力。

如果我们不允许孩子哭泣，孩子就不得不把悲伤压抑下来，负面情绪始终无法消除，这份能量会在以后的类似情境中爆发出来，伤害到自己和别人。因为无论这件事过去多久，一旦情景再现，所有的痛都会一如当初般强烈，不会因为时光的推移而减少。

面对孩子的负面情绪，我们要通过接纳、陪伴让孩子释放负面能量，走出负面情绪的困扰。

（李向荣）

## 哭泣的孩子

孙瑞雪老师谈到我们要把对孩子的爱表达出来，妈妈表达爱的方式可以是："妈妈非常爱你，有了你，妈妈很幸福。"妈妈可以抱着孩子来表达这样的语言。

我们为什么要这样做呢？很多人往往不习惯表达爱，比如在孩子哭泣时，我们可能会说："哭什么呢？这么点儿小事你也哭。"这不是爱的语言。让我们换一种方式，当孩子出现负面情绪时，先给情绪命名，并告诉孩子："老师知道你很难过，你想哭就哭吧，老师陪着你。"这才是爱的语言。因此，如果我们想要学会表达爱，首先要从爱的语言学起。

一天早上，一诺（化名）进教室时情绪很不好，和妈妈告别后，她仍然在哭泣，老师抱起这个不到三岁的宝宝，希望能用身体动作把爱和温暖传递给她。

老师看着她的眼睛说："一诺，现在你的心情不好，对吗？"她点点头，继续哭泣。

老师继续说："你想妈妈，是吗？"她点点头，仍然哭泣。

老师又说："我知道你心里难过，你想哭一会儿。"此时，她的哭声已经很小了。

老师抱着她走到窗口："我抱着你看一看，妈妈去上班了。"她用沾着泪水的眼睛看看窗外，不再哭泣了。

"去看看，你的哪些朋友来了？"老师抱着她来到孩子们中间，她从老师的怀里下来，走到孩子们中间，似乎已经忘了找妈妈的事情。

原来，一诺的哭泣是在表达：她想妈妈，不舍得妈妈走，她的心情不好，想哭一会儿。

我们需要读懂这些行为并让孩子知道，有人明白他的心。

（肖华军）

### 评析

你怎么看待孩子的哭泣？许多成年人认为：哭不好，哭不解决问题，男子汉不能哭……

我们常常对哭有着本能的焦虑感，这直接导致我们不接受孩子的哭泣，要么批评制止，要么哄劝转移，最好一点哭声都不要有。

然而，真相却是：哭是表达情绪的一种方式。害怕、难过、生气……孩子有了这些情绪或者遇到难题就会哭。

我们应该允许孩子哭一会儿，这是孩子在学着照顾、接受自己的情绪，这是一个自然的过程，也是一个开拓的过程。对孩子来说，情绪说来就来，也是说走就走的。

在面对孩子的哭泣时，我们可以这样说："我知道你很难过（伤心、生气），我理解你，如果你难过（伤心、生气）可以哭一会儿，我陪着你（我爱你）。"当我们不会表达爱的语言时，就可以从这几句话开始。

（肖华军）

## 跟着孩子的感觉走

几年前，在我带的班级中，一个案例让我印象深刻。一天早晨，小米的爸爸送小米（化名）去幼儿园，走的不是经常走的那条路，小米一路哭闹，爸爸埋怨小米不懂事。我告诉小米的爸爸，这是孩子在内心建立秩序链接的过程，如果轻易将其打破，孩子会产生不安全感。

一个三岁的孩子把妈妈买的一盒巧克力全部拿出来，每个都咬了一口，妈妈觉得孩子太浪费，幼教专家孙瑞雪老师说，这是孩子在用品尝的方法感知、认识世界。孩子的感觉代表安全、探索、秩序，以及内在的法则。

晓宇（化名）坐在座位上哭，我问他怎么了，他说手疼。我拿起他的手仔细看了一下，没有发现异样，但我告诉自己要尊重孩子的感觉，于是我接着问："有多疼？你用手比画一下。"晓宇把两只手打开直到身体完全展开。我肯定道："原来有这么疼啊！来，老师给你揉一下。"过了一会儿我继续说："现在再比画一下有多疼？"晓宇把两只手向中间靠拢，在胸前比画，我说："看来好点了，我再给你吹吹。"我吹完继续问："再比画一下，有多疼？"这次，晓宇把两手合到了一起。我带他到洗手间洗脸，他看着镜子里的自己笑了。事实上，当疼痛的感觉和情绪得到认同，它们便自然离开了。

我不禁想到一个故事，孩子模仿"大鳄鱼"要吃老师，老师解释："我很讲卫生，我是好孩子，你不应该吃我。""大鳄鱼"更凶猛地扑了过来。于园长则说："快来吃我吧！""大鳄鱼"听了很无奈，便离开了。这便是认同的力量。

认同是成就自由的工具。从现在起，认同孩子的感觉吧！

（肖华军）

## 评析

海灵格曾说过：所有你同意过的事情，之后也可以离开你，一旦它得到了同意，它就已经完成了自己的使命。

"有多疼？你用手比画一下。"老师帮孩子关注自己的感觉，孩子发现自己的疼痛是可以被感知的，他便不再焦虑、紧张了，疼痛也就慢慢消失了。

当孩子感到被理解时，他们的孤独和伤痛就会减少，他们对老师的爱也会加深。对孩子受伤的情感来说，老师的看见和接纳是一种"急救药"。当老师诚恳地承认孩子的困境，说出他们的失望时，孩子常常会获得面对现实的力量。

（肖华军）

## 等孩子准备好了，就会问好了

我经常和家长、孩子打招呼，这时就会遇到不问好的孩子。

起初我总是下意识地笑一笑，说："没事。"

后来一位老师分享了一个方法，告诉我可以这样回应："宝贝已经在心里向我问好了。"我如获至宝。可是说着说着，还是感觉不对。

后来，在看了《如何说孩子才会听，怎么听孩子才肯说》之后，我找到了一个法宝，那就是：等孩子准备好了，就会问好了！

有一天晚离园时，我在门口值班，一个孩子没有和我说再见就要离开，这时，妈妈在旁边提醒孩子："和于妈妈说再见呀！"但孩子露出了不情愿的眼神，于是空气有些凝固。

"今天她可能心情不好，等她准备好，肯定会说再见的！"我把这句话说了出来，顿时，气氛恢复正常，宝贝的表情舒缓了，妈妈也不再坚持。

在孩子不想和我们诉说心事时，我们可以说一句："等你准备好，再和我说好吗？"在孩子不想吃饭时，我们可以说一句："等你准备好了，再过来吃饭。"

（于桂芬）

## 评析

对于孩子不问好这件事，三种不同的回应传递出不同的信息。

第一种回应：虽然老师想帮孩子开解，却暗含着"问不问好，有没有礼貌无足轻重"的潜台词，说起来充满无力感。

第二种回应：某种意义上是在教孩子推卸责任，或为自己不问好找理由。因为老师无法确定孩子是否在心里问好，而只有真实的语言才是最有力量的。

第三种回应：老师尊重孩子的感受，在他不自在时，不强迫他去做，但是老师也不希望孩子永远停留在原地，而是希望孩子在感到时机成熟时，可以自己决定是否做出改变。

使用经过"深思熟虑、尊重他人感受并具有激发意义"的话语能给听的人带去能量，因此老师的语言必须精雕细琢，同时又要由心而发。

（于桂芬）

## "小汽车"往哪里开

区域活动时间，"砰"的一声，打破了原本平静的环境。小朋友们不约而同地去寻找那震耳欲聋的巨响的原因。

可是当事人并没有感受到那些诧异的目光，仍在专注地玩着。那根从教具柜上掉下来的红棒依然可怜兮兮地待在地上。我看到那根伤痕累累的红棒，心中并没有表面上的平静。

当我走到小勇（化名）身边时，看到小勇手里拿着一块穿线板正在红棒之间穿行，教具柜很窄，放十根红棒刚刚好，没有多余的地方让孩子玩。

我问小勇："小勇，你在干什么？"

小勇头也不抬地说："开小汽车。"

这时，我才发现原来那个穿线板是小汽车形状的。说话间，小勇的"小汽车"已从红棒间开到了棕色梯上，当看到小勇的"小汽车"一阶一阶往下走时，我心想：其实小勇的这个方法还是很有趣的。

当小勇的"小汽车"走完最后一块棕色梯时，我对小勇说："快让你的'小汽车'开到地上来，把这根红棒运回教具柜上，刚才把它摔得可疼了，你快看看它有没有受伤？"

小勇把它拿到教具柜上说："它没有受伤。"然后又开着"小汽车"在红棒间穿梭起来。

"小勇，这个地方非常窄，当'小汽车'走在这中间时，最外面的红棒就会掉下去，你能不能想个办法不让红棒掉下去？"

小勇说："我轻轻地开。"

"这个主意挺好的，但我也想了一个办法，我们可以把红棒搬到地毯上玩。"

"好！"小勇痛快地接受了我的建议。

过了一会儿，我看到小勇正非常专注地在红棒之间开着"小汽车"，棕色梯也被放在地毯上了，成了小勇的车道。

（宋艳玲）

## 评析

东西已经破了、碎了、坏了，我们就不要再用批评伤害孩子稚嫩的心灵了。

孩子的问题往往在于缺乏生活经验，同时又充满无穷的活力。但谁不是在一次次的教训里学到生活的经验呢？

老师不必害怕孩子犯错，因为错误往往是学习新知识的良机。

（宋艳玲）

## 老师，你忘记亲我了

午睡时间，我扫视了一周，发现果果（化名）忘记盖被子了，就走过去给她盖好，她的脸上带着一丝天真的笑，很可爱，我禁不住亲了一下她那可爱的小脸蛋，然后回到椅子旁。

我还没坐下，看见瀚文（化名）把被子蹬在脚下，我走过去轻轻地给他盖好被子。准备转身时，身后传来一个声音："老师，你还没亲我呢！"

我回头一看，瀚文正睁大眼睛看着我，我好奇地问："瀚文，你刚才对老师说什么？"

他眨着大大的眼睛说："你忘记亲我了。"

我吃惊地反问："亲你？"

他回答："你刚才给果果盖被子，还亲了她。"

我恍然大悟，看着他有点委屈和可怜的样子，我赶紧俯下身轻轻地亲了他一下，然后笑着问："你怎么还不睡觉？"

"睡不着。"

"你每天中午都睡不着吗？"我问道。

"今天我睡。"他说。

"为什么？"我好奇地问道。

"因为柳老师好，柳老师亲了我。"他回答道。

说完他开心地闭上了眼睛，而我也会心地笑了。

看着孩子慢慢闭上眼，我深深地被触动了。孩子越小，就越需要大人对他的滋润和呵护。我们应多了解、多亲近这些可爱的孩子，让他们感受到温暖和幸福，这些积极的情绪体验会转化为他们接受教育的内在动力，只有我们为孩子付出爱，教育才会真正有效。让我们的教育从爱开始吧！

（柳静）

## 评析

孩子有被爱的需要，为了得到老师的爱，孩子会通过一些行为来引起老师的关注：文中的瀚文通过故意把被子蹬掉来引起老师的关注。令人欣慰的是，老师做到了接纳孩子对爱的需求。因为接纳，老师才能静下心来倾听、理解和满足孩子的需求；因为被接纳，孩子才愿意表达自己的内心感受，进而获得安全感和幸福感。

（王雪梅）

# 我太生气了

吃完饭后，一些孩子在洗手间洗刷碗盘。我在教室里看着正在吃饭的宝贝们，忽然听到洗手间传来一阵吵闹，我正要走过去一探究竟，站在门口的肖园长却制止了我。于是我静静地在一边做一名观察者，只见肖园长请哭泣的小邦（化名）到自己身边来，轻轻地拉住了他的双手。

肖园长："小邦，我知道你现在心里很难受，也很气愤，你能和我说一说事情的经过吗？"

小邦："我太生气了，我真想把她一脚踢出去。"

肖园长："你想把谁一脚踢出去？"

小邦："小好（化名）。"

肖园长："看你哭得这么伤心，一定很难过，对不对？刚才发生了什么事？"

小邦："排队刷碗时，我站在前面，但是小好却插队，我让她离开，她不同意。"

肖园长："小朋友插队了，你很生气，但是发脾气能解决问题吗？"

小邦："（抽泣声小了很多）但我还是很气愤，就是想把她踢出去。"

肖园长："我们一起看看有什么比踢人更好的方法，光哭可解决不了问题。"肖园长边说边把孩子搂进怀里，拍着他的肩膀安慰孩子。孩子在肖园长的轻声细语中慢慢平复了情绪。

　　肖园长在处理这件事的过程中，没有直接让孩子去分辨两个人之间的对错，而是用同理心和倾听的技巧先理解和接纳孩子的情绪。当孩子知道老师愿意理解他的感受时，就会慢慢地平复下来。

　　除此之外，肖园长还协助孩子觉察、表达情绪并弄清原因。老师也是一面情绪镜子，可以运用语言反映孩子的真实感受，协助孩子觉察和认清情绪背后的真实需求。掌握孩子的心理需求之后，老师才能对症下药。有效的教育策略是引导孩子调整认知，思考解决方案，等孩子情绪缓和下来，再引导其调整认知，从另一个角度看待引发困扰的事情。这样才构成了一个解决事情的完整过程，孩子宣泄了自己的情绪，也找到了问题的症结和解决方法。

　　这样的小纠纷在一日生活中经常发生，老师们在不经意间就会用简单的方法处理或直接忽视问题，但肖园长处理事情的语言和教育策略让我学到了很多，反思了很多，让我找到了自己上升的空间，也让我体会到了细微之处见真章的含义。

（刘鸿）

## 评析

在处理孩子的负面感受上，肖园长做到了以下三点。

1. 全神贯注地倾听

真正地倾听孩子的叙述，孩子就能更好地表达他们心中的困扰。有时候，孩子需要的是老师与他们产生共情。

2. 说出孩子的感受

在孩子情绪波动时，老师可以陪伴在他的身边，引导他说出自己的感受，并帮助孩子解读感受。当孩子的内在感受被理解后，负面情绪就得到了缓解。

3.肢体接触

拉着手、搂进怀里、拍着肩膀，老师的这些肢体动作更容易让孩子感受到老师的陪伴和关心。

（邢芳）

## 好吧

### 案例一："顺应"比"强迫"更有力量

有一名年轻教师曾向一位特级教师请教："我现在在托班任教，一个孩子就是不睡午觉，您对此有什么好的解决方法？"

特级教师微微一笑说："我也遇到过这样的事情，开始孩子说不睡觉，我就同意了，并且建议孩子只在床上坐一坐。"

"然后，孩子就答应了，在坐了一会儿后，他还是不睡觉。我没有强迫他睡觉，只建议他躺一会儿。孩子就很乐意地躺下了。"

"然后，我就给孩子讲故事，拍着他，孩子还是嘟囔着不睡觉。我还是没有强迫他睡觉，只建议他闭上眼睛听故事。于是孩子闭上了眼睛，最后孩子不知不觉地就睡着了！"

当特级教师分享完之后，台下掌声一片！

### 案例二："臣服"比"说服"更有效

在户外活动前，诚诚（化名）不知为什么一见到我就喊："我让奥特曼打你！"

"我很讲卫生，奥特曼不会来打我的！"听了之后，我顿时反击，还试图对孩子进行品德教育。

诚诚一听我这么说，更来劲了："我就让奥特曼打你！"

班上许多孩子也学会了，在一片"我让奥特曼打你""我让大妖怪打你"的声音中，我无力反击。

在户外活动后，诚诚可能又想起了刚才的一幕，于是对着我们大声说："我让奥特曼打你！"

这时，我不反击了，唯恐引起他们更大的反抗，没想到旁边的于园长却一副很开心的样子，和孩子开玩笑说："好啊，打我吧！"

听到这句出乎意料的话，诚诚很吃惊，眼睛瞪得很大，已经斗志全无，其他小朋友也都安静了下来，一起回到了教室。

（姜东慧）

## 评析

透过第一个案例，我们认识到，"顺应"比"强迫"更有力量。托班年龄的孩子已经有了自我意识，说"不"是他们的"独立宣言"。孩子说"不"的时候，有时只是因为想说，而不是真的拒绝，这时，我们不妨先答应下来，这种答应和认可会让孩子的心理防线渐渐瓦解，事情也会处理得比较圆满。

第二个案例则让我们感受到，"臣服"比"说服"更有效。孩子说暴力语言是因为他想实验一下这些语言的力量。我们一味地抗拒或者说服教育，就让孩子感觉自己有了对手。有了对手，孩子的斗志就会增长，暴力语言也只会有增无减。而"臣服"则会导致不同的结果，孩子说要打人，老师说"好"，对手就消失了，孩子也没有了继续战斗的动力，暴力语言也就失去了存在的价值。

纵观这两个案例，孩子所谓的"问题行为"背后其实都有着合"情"合"理"的心理动机，有效的语言策略常常是在洞悉儿童心理基础上的顺"情"顺"理"。

（于桂芬）

## 爱探索的孩子

昊昊（化名），是一个很特别的小家伙。在他刚入园的一次户外活动时，孩子们都在快乐地玩游戏，而昊昊却摸摸这个，拉拉那个，时而躺下，时而跑几步，整个院子似乎都成了他自己的天下。此时一辆小车引起了昊昊的注意，他摆弄着小车，却并不上去骑。只见他一会儿向前推小车，一会又向后拉，眼睛直盯着车轮子看。看了一会儿后，他似乎觉得这样看不过瘾，于是干脆趴在地上，手推拉着小车，目不转睛地盯着转动的车轮，我们不知道他在看什么、想什么。他就保持着这个动作一直到集合时间，然后才恋恋不舍地跟着我们回到了教室。

又一个户外活动时间，昊昊用几乎同样的动作度过了属于他的那段时光。在后来的每次户外活动中，昊昊都在寻找着、观察着，院子里凡是能滚动起来的东西，都被昊昊盯了很久。我们不知道昊昊究竟在探索什么，却知道他是在用自己的方式探索，于是我们都默默应允了他的探索。

吃饭前，孩子们都在排队洗手。昊昊则趴在水池边上，目不转睛地盯着哗哗流着的水，他又在想什么，或是又发现了什么，我们都无从知晓。而此时，任凭你怎么说，昊昊都不搭理你。就这样，昊昊久久不肯离开，直到我们帮他洗好手，关上水龙头。

一个带插座的圆柱体、一颗小豆子、一个小瓶子……只要能滚动起来的东西都是昊昊探索的对象。昊昊就这么执着地探索着，有时他会"咯咯"地笑两声，我们猜想：也许他在物品滚动或流动的过程中发现了什么乐趣吧！有时，他也会张大嘴巴不出声，我们猜想：大概他又发现了什么秘密吧！

我们尽量满足昊昊的探索行为，只要他不伤害自己，也不伤害他人，我们又何必去限制他呢？

现在，昊昊对滚动的东西似乎不那么着迷了，可能又有新的探索目标在等着他吧！

（于晓霞）

## 评析

昊昊在用自己的方式探索着世界，建立和世界的关系，他躺着、趴着、摸着、拉着、看着……他对这个世界充满了好奇，充满了探索的欲望，同时又在调动自己的各种感官和周围的事物建立着联结，想必在他的小小宇宙中正爆发着一个又一个惊奇，对他今后的发展也起着不同凡响的作用。

　　在昊昊探索的过程中，老师的态度是：只要他不伤害自己，也不伤害他人，就不必去限制他。所以昊昊才可以尽情探索，跟随自己的内心。对孩子来说，这份接纳和爱可以让他们做最好的自己，这对孩子一生的发展都起着重要的作用。

（唐泽福）

## 给孩子机会做自己想做的事

　　菡菡（化名）刚来我们班时，因为年龄小，所以三位老师总会对她特别照顾。吃饭时，我们一勺一勺地喂她；洗手时，我们为她挽好衣袖、拧水龙头、涂抹香皂、擦手；如厕时，我们为她脱裤子、提裤子；户外活动时，她不敢下楼梯，我们就抱着她下楼……

　　蒙氏工作时，我在教小朋友做刺工，菡菡来到我身边，我建议："菡菡乖，去你的小椅子那做分豆子的工作吧！"

　　菡菡摇了摇头："我不想做了，我想陪着你。"

　　我点了点头，说："好吧，你把小椅子搬过来，坐着看小姐姐工作吧。"

　　菡菡在旁边看了一会儿，突然说道："我也想刺这个。"

　　我问道："你会做吗？"

　　她说："会！"

　　我犹豫了一下，说："好吧！"

　　我陪着她选了一个西瓜样式的刺工材料，教她握刺针的方法，她便刺了起来。

看到她对着图案一阵乱刺，我提议道："我来帮助你吧！"

"不用，我自己会做。"

"那我来教你怎样刺吧？你把刺针对准外面的小黑点，一个点一个点地刺破它。"在征得她的同意后，我做了示范，之后便让她自己做了。

令人惊喜的是，这一次菡菡刺的效果特别好，每一针都刺在一个小黑点上，看到刺的西瓜图案没掉下来，她又在每两个黑点中间补刺了一下，针孔刺得又整齐又密集，一个西瓜图案便被很完整地刺了下来。菡菡开心地说道："我要把大西瓜带回家给妈妈吃！"

其实，不管多么小的孩子，都需要机会去学习做事，老师不要因为孩子年龄小，就总想着帮助他，而是要相信孩子有能力做好事情。

（慕小曼）

## 评析

孩子有着无限的可能性，老师不应给孩子设限，不要让条条框框拘束了孩子的手脚，而是要让孩子能够发展自我。老师也不要因为孩子年龄小而给予过多的帮助，因为这种帮助其实剥夺了孩子成长的机会，虽然老师很辛苦、很忙碌，但是这样做的效果却适得其反，会让孩子觉得自己很弱小，从而不去尝试挑战自己。

我们要相信孩子能自己解决问题，也能自己找到答案。老师只需要适时引导，适时帮助。在案例中，当发现孩子做得不够好时，老师提出帮助，并在征得孩子同意的情况下给孩子做了示范，而不是强行教给孩子，这种对孩子的尊重，就体现在这些细节中。

老师应该懂得尊重孩子的需求，尊重孩子的意见，当孩子主动探索时，就应当给孩子机会，让孩子在探索中成就自我，发展自我。

（李向荣）

# 接纳收获成长

在幼儿园这个充满童真与欢乐的环境里，孩子们如同一棵棵稚嫩的幼苗，渴望着阳光、雨露和温暖的呵护。在我的教育理念中，"全然接纳"是教育的基石，只有当我们真正接纳每一个孩子时，才能与他们建立起深厚的情感联结，实现"情通理达"。

孩子们的性格各有特点。有的孩子活泼开朗，爱说爱笑；有的孩子安静内敛，喜欢沉浸在自己的世界里；还有的孩子敏感脆弱，一点小挫折就会让他们泪眼婆娑。在这些性格各异的孩子中，琦琦（化名）给我留下了深刻的印象。

刚入园时，琦琦总是躲在角落里，眼神中透着胆怯。每当其他小朋友围在一起玩耍时，她总是默默地站在一旁，不敢靠近。起初，我尝试着用各种方法引导她融入集体，但效果并不理想。后来我意识到，琦琦需要的不是强迫式地融入集体，而是适应新环境的时间和空间。于是，我开始全然接纳她的内向性格。每天早上，我会在幼儿园门口微笑着迎接她，温柔地和她打招呼；午睡时，我会轻轻为她盖好被子，哼唱她喜欢的摇篮曲；户外活动时，我会坐在她身边，陪她一起看其他小朋友玩游戏，而不是急于让她加入。

慢慢地，琦琦开始对我敞开心扉，她会主动拉我的手，小声地和我分享她的想法。

有一天，琦琦在纸上画了一个小女孩，我走过去，蹲在她身边，轻声问道："琦琦，这是你的画吗？画得真好看！"

她抬起头，眼神中透着一丝羞涩："老师，这是我画的你。"

那一刻，我的心中涌起一股暖流。原来，琦琦一直在用自己的方式关注着我，接纳着我。

渐渐地，琦琦变得越来越开朗，她开始主动和其他小朋友交流、玩游戏……由此可见，只有当接纳情感的桥梁搭建起来后，教育的智慧才能真正发挥作用。

还有一次，赫赫（化名）不小心把牛奶洒在了依依（化名）的衣服上。赫赫惊慌失措地看着依依，眼中满是歉意。依依大哭了起来，其他小朋友也纷纷围过来。

我走过去，蹲在依依身边，轻声安慰她："依依，别哭啦，老师帮你看看衣服有没有湿。"

赫赫低着头，小声说："老师，我不是故意的。"

我摸了摸他的头："老师知道你不是故意的，但你有没有想过，依依的衣服弄脏了，她会很难过呢？"

赫赫抬起头，眼中闪过一丝愧疚："老师，我可以帮她擦干净。"

在赫赫帮依依擦衣服的过程中，我一直在旁边陪着他们。依依的哭声渐渐停了下来，赫赫也露出了轻松的笑容。事后，我找来赫赫，和他一起分析了这次事件。我告诉他，每个人都会犯错，但重要的是要勇于承认错误，并且学会道歉和弥补。赫赫认真地听着，眼中充满了真诚。

通过这次事件，我深刻地感受到，当孩子犯错时，老师的全然接纳和理解能够让他们在错误中成长。如果我们一味地指责和批评孩子，只会让他们产生抵触情绪，甚至变得不敢面对错误。

（韩笑）

## 评析

　　全然接纳孩子是一种无声却有力的教育力量。它不仅是一种教育理念，更是一种发自内心的关爱与尊重。

　　教师通过"全然接纳"的教育理念，展现了幼儿教育中情感联结的重要性。琦琦和赫赫的故事，分别从不同角度诠释了如何通过接纳与引导，帮助孩子克服内心的障碍，学会与他人建立良性的互动关系。

　　幼儿教育不仅是对知识的传授，更是对情感的支持与对价值观的塑造。教师通过"全然接纳"的方式，与孩子建立了深厚的情感联结，从而为教育的开展奠定了坚实的基础。这种联结不仅让孩子感受到被尊重和理解，也为他们提供了探索世界、发展自我的勇气和动力。

（王红侨）

## 理解每一种可能

　　在与孩子相处的日常中，我遇到了这样一位小朋友，他的种种

"反常"行为，让我对教育有了更深层次的理解——全然接纳，是开启孩子心灵之门的钥匙。

初入中班时，我便听闻了满意（化名）的事迹。据说他总是毫无预兆地到处乱跑，完全没有规则意识，还存在攻击行为，午睡时间更是他的"活跃期"，他常常扰乱他人的午休秩序。还未与他正式见面，我心中便隐隐有些担忧，不知道该如何应对这样一个"特别"的孩子。

第一次见到满意，是在一个阳光明媚的早晨。他像一只脱缰的小马驹，在体能场地上跑来跑去，丝毫不在意周围小朋友们投来的诧异目光。那一刻，我深切感受到了他的"与众不同"。

在最初相处的日子里，我时刻保持着高度警惕，眼睛紧紧盯着满意，生怕他突然做出什么危险举动。每当他乱跑时，我总是急忙上前制止，可这似乎没有什么用，反而让他对我产生了抵触情绪。我意识到，这样的方式并不能解决问题，于是我决定换一种思路，尝试去全然接纳他的种种行为，从他的角度去理解他。

我开始仔细观察满意的一举一动。有一次，他趁大家不注意，跑到了二楼。我没有立刻去斥责他，而是悄悄地跟在他后面。只见他站在二楼的窗边，眼睛直直地望着一个方向。顺着他的目光看去，我才发现原来从这里可以看到他的家。那一刻，我心中一酸，突然明白了他总是乱跑的原因：他想家了。对熟悉环境的渴望让他一次次不顾规则地跑向那个能看到家的地方。

了解这个原因后，我主动和满意聊起了他的家。我耐心地听他讲述了家里的点点滴滴，告诉他如果想爸爸、妈妈了，可以告诉老师，老师会陪他一起想办法。从那以后，满意乱跑的次数渐渐少了。

在与满意相处的日子里，我越来越深刻地体会到，每个孩子的行为背后都有着深层次的需求和原因。看着他的成长与进步，我心中充满了成就感。这段与满意相处的经历，也让我对教育有了更深的理解和感悟。在未来的教育之路上，我将带着这份对孩子的全然接纳和爱，继续陪伴每一个孩子健康快乐地成长。

（董晨阳）

## 评析

通过仔细观察和耐心倾听，老师发现了满意乱跑背后的深层原因——对家的思念。这一发现成为教育的关键转折点。老师没有简单地批评或制止，而是选择与满意建立情感联结，倾听他的心声，并给予他情感上的支持。这种全然接纳的态度，不仅让满意感受到了理解与尊重，也为他提供了一个安全的情感出口，从而减少了他通过乱跑来表达内心需求的行为。

（宋亚男）

## 接纳是最好的礼物

翔翔（化名）因为发烧，在开学的第二周才正式来园。虽然个子不高，可是他的脾气却很大。最让我无奈又心疼的是，翔翔每天都拒绝吃饭。

第一天，到了吃饭时间，翔翔把手一挥："不想吃，不想吃，我不想吃……"

我回应他："吃饱饭才有力气，你看小朋友们都去吃饭了。"

翔翔马上急了："不想吃，就不想吃，不想吃……"

为了照顾他的情绪，我没有再强迫他，却发现他的眼睛一直盯着柜子上的一包饼干。于是，我取出一块饼干给翔翔，翔翔很自然地接过来，坐在椅子上吃了起来。

下午起床后，翔翔远远地站在寝室的墙角，打量着路过的小伙伴。我走过去邀请他："翔翔，我们去吃水果吧。"经过了一上午的适应，他显然对我有点信任了，我拉着他的手走到桌子旁边。当看到桌子上的饭时，翔翔立刻把手从我的手里抽走，跺着小脚不停地叫："我不想吃，我不吃饭，不吃饭……"

"这不是饭！"我拉住翔翔，"这是老师特别为你准备的好东西，你尝尝，可好吃了。"说着，我拿起鸡翅放到翔翔的嘴边。

翔翔犹豫了一下，问："给我准备的吗？我去哪吃？"在我的指引下，翔翔迅速拿走水果和饭，去桌旁坐着吃了起来。吃完后，翔翔抹抹嘴，又回到寝室的墙角继续打量小伙伴去了。

第二天，翔翔号啕大哭着来到教室，依然拒绝吃饭，站在墙角观察着小伙伴。早餐时间，我举着点心问他："想吃吗？来尝尝吧。"翔翔犹豫着走过来，咬了一口点心，说："嗯，好吃。"于是，我拉着翔翔的手，让他坐在了桌子旁边，他吃了一块面包，喝了一杯牛奶。

第三天，老师让翔翔进教室去搬小椅子，翔翔一边哭一边把椅子搬回了座位。我过去抱了抱他，他马上就不哭了，脑袋放在我的肩膀上，一动也不动。吃饭时，同组的小伙伴都站起来搭着肩膀一起走，翔翔看看这个、看看那个，也不由自主地站起来，跟着小伙伴一起走到前面取餐了。

第四天，翔翔又哭着进了教室，这次没等老师说，翔翔就主动搬了把小椅子坐下了。今天取餐时，翔翔还像其他小伙伴一样，向分饭给他的老师道谢。

几天之后，妈妈抱着翔翔来到幼儿园，翔翔竟然没有哭。当我蹲下来时，翔翔居然能欢快地跑过来跟我抱抱，还对我做了个鬼脸。吃饭时，翔翔听着老师的指令，和小伙伴一起搭着肩膀去取餐，取回来之后就坐下大口吃了起来。看到掉在桌上的饭渣，翔翔还知道捡起来放到盘子里。

翔翔的变化让我特别喜悦！孩子们是多么有灵性，虽然他们经常会闹情绪，但是他们一直在关注着周围发生的一切。当没有安全感时，他们会用自己的方式去抗拒新的环境；当认为安全时，他们便会主动融入新的生活了。这就是孩子的成长规律，也是谁都代替不了的成长过程。

（宋亚男）

## 评析

作为成年人，老师只需要接纳孩子的每一个言行，尊重孩子的成长节奏，允许孩子按照自己的成长规律探索自己的人生。我相信，接纳是老师能送给孩子的最好的礼物！

（范书娟）

# 捣蛋艺术家

　　活泼是每个孩子的天性，但是过于活泼好动的孩子有时也会给人带来困扰。小新（化名）就是这样一个孩子。他活泼好动，仿佛永远不知疲倦，给班级带来了不少"惊喜"与挑战。小新的调皮捣蛋，让家长和老师都感到困扰。他常常会因为一时兴起而控制不住自己的行为，引发一阵阵哭闹和纷争。

　　针对这种情况，我深知批评和指责是行不通的。于是我开始尝试去了解他，观察他，寻找他行为背后的原因。我发现小新虽然调皮，但他的眼神里总是闪烁着好奇与探索的光芒。他似乎对周围的一切都充满了兴趣，只是他的表达方式过于直接，缺乏必要的自我控制能力。而且，我还发现他特别喜欢在美工区涂涂画画，我意识到，这或许是引导小新的一个突破点。

　　有一天，在区域活动时间，我走到小新身边，轻声问他："小新，今天要不要来美工区画画呀？老师觉得你上次画的太阳特别漂亮，今天想看看你还能画出什么有趣的东西。"

　　小新抬起头，眼睛亮了起来："真的吗？我可以画一只大恐龙吗？"

　　我笑着点点头："当然可以！老师很期待看到你的大恐龙呢！"

　　小新兴奋地跑到美工区，拿起画笔开始"创作"。过了一会儿，他跑过来拉着我的手："老师，你看我画的恐龙！"

　　我蹲下来，认真地看着他的画："哇，这只恐龙的尾巴好长呀！它是在森林里吗？"

小新点点头："对！它还在吃树叶呢！"

我继续引导他："那森林里还有什么呢？要不要再加一些小动物或大树？"

小新想了想："好！我再画几只小鸟！"

又过了几天，小新在美工区画了一幅色彩斑斓的画。他跑过来问我："老师，你看我画的彩虹！"

我仔细欣赏后，对他说："小新，你的彩虹真漂亮！颜色搭配得特别好。你能告诉老师，彩虹下面有什么吗？"

小新想了想："有草地，还有小花！"

我鼓励他："那你可以把草地和小花也画出来，这样画面就更丰富了，好不好？"

小新点点头，又跑回去继续创作。

随着时间的推移，小新在绘画上的进步越来越明显。他的画开始有了更多的细节和色彩，笔触也变得更加流畅和自信。更重要的是，他在绘画的过程中学会了耐心观察和思考，这对他的自我控制能力的提升有着不可估量的作用。

有一次，小新在绘画时遇到了困难，他有些急躁地扔下画笔："老师，我画不好这只小鸟！"

我走过去，轻声安慰他："没关系，小新，你可以先观察一下小鸟的形状，它的翅膀是什么样的？它的尾巴呢？"

小新冷静下来，仔细观察了一会儿，重新拿起画笔："老师，我知道了！小鸟的翅膀是弯弯的，尾巴是短短的！"

我笑着点头："对呀，你观察得真仔细！慢慢画，老师相信你一定能画出一只漂亮的小鸟。"

最终，小新完成了他的作品，他兴奋地跑过来："老师，你看！我画的小鸟！"

我认真地看着他的画，由衷地赞叹："小新，你画得真棒！这只小鸟好像在唱歌呢！"

小新开心地笑了："老师，我还想画更多的画！"

通过绘画，小新不仅找到了表达自己的方式，也学会了耐心与专注。他的进步让我深刻体会到，每个孩子都有自己的闪光点，只要用心引导，他们都能找到属于自己的成长方式。作为老师，我们的任务就是用爱与耐心，陪伴他们走过每一个成长的瞬间。

（李婉霞）

## 评析

老师发现小新虽然好动，但眼神中充满了好奇与探索的光芒。这种观察体现了老师对幼儿个体差异的尊重与理解，也为后续的教育干预提供了基础。老师意识到，小新需要一种更适合他的方式来表达自己，而美工区的绘画活动正是一个契机。

小新的故事生动地展示了老师如何通过观察、倾听与引导，帮助一个活泼好动的孩子找到适合自己的成长路径。老师的爱与智慧，不仅让小新在绘画中找到了自信与乐趣，也为他未来的发展奠定了良好的基础。这种教育方式，正是幼儿教育中最为珍贵和有效的部分。它提醒我们，每个孩子都是独特的个体，只有通过理解与支持，才能真正帮助他们找到属于自己的优势。

（范书娟）

# 发现孩子的更多可能性

乐乐（化名）是个活泼的孩子，他的活力和好奇心总是让他在各种活动中都充满热情。有一天，在美工区，我注意到他一直在专注地研究着什么。起初，我没有过多地干涉，想让他自由探索。过了一会儿，他跑过来找我，带着期待的眼神问："老师，能不能帮我把这个胶带撕开？"我欣然答应，帮他撕开了胶带。他拿着胶带，脸上洋溢着兴奋的笑容，又跑回了美工区。

我对他的举动充满好奇，便时不时地关注着他。让我惊讶的是，没过多久，他竟然拿着一个精美的小灯笼来到我面前。这个小灯笼是他利用美工区的材料制作而成的，他收集了一些筷子，用胶带巧妙地粘起来，形成了灯笼的骨架；再用绳子和双面胶将纸杯连接起来，并在纸杯上钻了洞，通过其他老师的帮助，安装上了灯带。当他打开灯带的那一刻，明亮的灯光照亮了小灯笼，也照亮了他那充满成就感的脸庞。但他并没有满足于此，他觉得纸杯的装饰不够好看，又用一张A4纸画了可爱的小图案，把它贴到纸杯上进行装饰。看着这个凝聚了他心血和创意的小灯笼，我不禁为他的创造力和动手能力感到惊叹。

还有一次，我请他帮忙把吸管外面的包装纸去掉。我本以为这只是一项简单的任务，他很快就能完成。然而，当他拿着一个小盒子来到我面前时，我再次被他的细心和认真打动。盒子里，小圆片和吸管被整齐地分好了类，不仅包装纸被去掉了，而且物品被摆放得井井有条。我没想到他会主动把这项简单的任务做得如此出色，这让我看到了他在细节处理和整理物品方面的能力。

从这两件事中，我认识到，作为老师，我们要学会读懂孩子。乐乐在美工区的表现，看似只是在玩耍和探索，但实际上他在这个过程中运用了自己的创造力、动手能力和解决问题的能力。他在制作小灯笼时，遇到了材料连接、装饰等问题，他都通过自己的思考和尝试一一解决了。而在帮忙整理物品时，他不仅完成了我交代的任务，还主动进行了分类整理，展现出了良好的习惯和思维方式。

老师不能仅从表面上去看待孩子的行为，而要深入了解他们的想法和动机。当老师能读懂孩子时，就会发现他们的许多闪光点，这些闪光点可能隐藏在他们的日常行为中，需要老师用心去观察和发现。在与乐乐的互动中，我没有因为他是个活泼的孩子就忽视他的专注力和创造力，也没有因为任务简单就低估他的能力。相反，我给予了他足够的空间去探索和尝试，也在他需要帮助时及时给予了支持。

（初慧琳）

## 评析

读懂孩子，是教育的基础。只有当老师真正理解孩子的需求、兴趣和潜力时，才能更好地引导他们成长。在未来的教育工作中，我将继续用心去读懂每一个孩子，发现他们的无限可能，帮助他们在成长的道路上绽放出独有的光彩。

（宋亚男）

# 第三篇

# 读懂孩子
## 做孩子心事的翻译者

　　在成长的旅程中，孩子宛如小小的探险家，他们充满了奇幻的想法、独特的感受和未被诉说的故事。每一个孩子都是独一无二的个体，他们有着自己的小宇宙，里面有困惑和恐惧，也有期待和快乐。

　　孩子们常常会在不经意间展现出一些让老师难以理解的行为或情绪。也许是毫无征兆的哭闹，也许是突然的沉默寡言，又或许是对某件小事的执着。在这些表象的背后，隐藏着孩子们内心深处的真实想法和情感需求。孩子的内心世界，就像一片深邃的海洋，表面可能风平浪静，海面下却暗流涌动。我们需要做的，是成为那个潜入海底的"探索者"，成为那个优秀的"心事翻译者"，用心去倾听、感受、理解孩子，去发现他们内心的奥秘，帮助孩子在充满爱与理解的环境中茁壮成长，让他们的内心世界绽放出最绚烂的光彩。

# 拼图坏了

晚离园时，大庆（化名）妈妈因为有事，很晚才来接大庆。因为心里有些着急，看着不紧不慢认真换鞋的大庆，妈妈忍不住催促："大庆，你快点儿，爸爸还在外面等着我们呢！"

大庆听了，仍旧不慌不忙地将鞋带弄平整，把粘扣粘好，才起身将鞋子送回。放鞋子时，大庆看到鞋柜上有几只鞋子放得不整齐，便认真地将那些鞋子一一对齐放好。

看到这里，大庆妈妈忍不住又要催促，我赶紧笑着制止了她："大庆妈妈，大庆正处在秩序敏感期，看他做得多棒，多有耐心啊！"大庆妈妈一听，就不再催促大庆了，而是耐心地等待他出来。

我不禁想起课堂上发生的事，便和大庆妈妈交流起来。当时，我在教一个小朋友学习新工作，大庆走到我身边，将一块地理拼图递给我，说："老师，小按钮掉了。"

"哦，放在这吧，我等会儿粘上。"说完我就又继续教小朋友了，可大庆还是在我身边等待着。我补充道："老师教完小朋友再帮你粘，好不好？"

大庆听了，转身离开了。可是不一会儿，大庆拿着胶水和棉棒过来了。见大庆这么坚持，我不禁笑了，便先帮他把拼图粘好，放在一边晾干，并说道："大庆，你先去继续做工作吧，这个胶还要等一会儿才能干呢。"

"它的家不在这里，我要把它送回家。"大庆说道。就这样，大庆一直等到拼图彻底干透才拿着它离开。

处于秩序敏感期的大庆，十分在意事物固有的秩序，当事物原有的形态被改变，大庆心中的秩序被打乱时，他就会跟随内在的驱力帮它恢复如初。作为成年人，老师和家长不要认为他是在固执地钻牛角尖，更不要认为孩子是在故意磨蹭，而是要耐下心来，尊重孩子的内在需求，帮助孩子顺利度过秩序敏感期。

（慕小曼）

## 评析

孩子的成长有自己的节奏，在不同的时期，孩子会有不同的需求和外在表现，老师需要做的就是尊重孩子的成长，用尊重的目光去看待他们，用敏锐的观察和细心的呵护来对待他们，给孩子创造一个宽松的氛围，接纳孩子的好奇心，认可孩子内在成长的规律，让孩子能够追随自己的内心，从而舒展绽放开来。

在本案例中，当家长忍不住催促孩子时，老师能及时捕捉到这个引导家长的契机，并巧妙、及时地提醒家长："看他做得多棒，多有耐心啊！"让家长恍然大悟，并及时调整自己的语言和行为，尊重孩子的心理需求，等待孩子，陪伴孩子。在孩子的成长过程中，老师和家长对他们的等待和接纳就是一种珍贵的陪伴。

（李向荣）

# 一起试试拍双球

　　在幼儿园的球场上，孩子们都在兴奋地尝试用双手拍双球。但小豪（化名）却总是远远地站在一边，他用单手拍单球时如鱼得水，却对用双手拍双球显得格外抗拒。

　　我注意到这一点后，决定帮助小豪克服这个障碍。于是我走到他身边，轻声说："小豪，我们一起试试用双手拍双球吧？"他仿佛被触动了某根敏感的神经，瞬间变得紧张和抗拒。他生气地推开球，眼神中流露出愤怒，转身就走，留下我一个人愣在原地。

　　我看着他的背影，心中充满疑惑和关切。为什么他对用双手拍双球如此抗拒？是什么让他如此害怕和不安？我深知要帮助小豪，就必须先了解他的内心世界，找到他抗拒情绪的根源。

　　在接下来的几天里，我更加留意小豪的一举一动。我发现，每当其他孩子在练习用双手拍双球时，他总会偷偷地瞄几眼，然后迅速低下头，仿佛在躲避什么。他的小手紧紧地抱着球，却始终不敢迈出那一步。

　　终于，当一次我像往常一样在户外活动中组织孩子们练习用双手拍双球时，我无意中发现了小豪的小秘密：他在以为没人看见的角落里偷偷练习。小豪并没有像之前那样只用单手拍球，而是一只手拍着球，另一只手在旁边假装也有一个球，跟着节奏一起拍着。他的眼睛紧紧盯着自己的手，神情专注而认真。我没有立刻打扰他，而是在一旁静静地看着。只见他小心翼翼地控制着拍球的手，另一只手也努力模仿着拍球的动作，虽然另一只手中没有球，但他的动作却做得有模有样。

看着小豪认真练习的样子，我既欣慰又感动。原来，他并不是真的不想学，只是因为害怕失败，害怕被别人笑话，所以才表现出抗拒的样子。而现在，他在没有人督促的情况下，自己偷偷地练习，说明他内心还是渴望学会用双手拍双球的。

我等小豪练习了一会儿后，轻轻地走过去，假装无意中发现他的练习，惊喜地说："小豪，你这样练习真聪明！这样你就能慢慢掌握用双手拍双球的技巧了。"小豪听到我的话有些害羞，但还是露出了得意的笑容。

我趁机说："其实你可以尝试一下真的用两只手拍两个球。就算一开始不成功也没关系，老师会在这里陪着你，一起慢慢练习。"

这次小豪没有拒绝，他拿起两个球，开始尝试用双手拍双球。起初，他的动作依然笨拙，经常把球弄掉。但我始终在他身边鼓励他，指导他调整动作和节奏。渐渐地，小豪的拍球动作越来越流畅。最后，他终于成功地同时拍起了两个球！他的脸上洋溢着自豪和喜悦，我也由衷地为他感到高兴。

（刘星彤）

## 评析

小豪的双球奇遇，不仅是一个关于成长和蜕变的故事，更是一个关于爱、勇气和自我超越的寓言。

教育的目的不仅是传授知识，更是引导孩子发现自我、超越自我。每个孩子都有自己的节奏和方式，老师需要提供的是耐心、理解和支持。小豪的成功也能证明，只要老师给予孩子足够的关爱和鼓励，他们就能勇敢面对挑战，克服困难。作为老师，我们要做的不仅是教会他们技能，更是帮助他们建立自信，培养他们面对困难的勇气和决心。帮助他们完成成长和蜕变，走向更美好的未来。

（王红侨）

## 不吃饭的孩子

9 月开班后的第一天，宁宁（化名）来时没有哭，他东看看，西瞧瞧，看到别的孩子哭，宁宁还很好奇地凑过去，好像在问："你怎么了？"在户外活动时，宁宁特别喜欢玩小汽车，他还自己开着小汽车在院子里到处玩。他的情绪表现，大大出乎我的意料。但他的问题就是不吃饭，无论老师怎么说、怎么喂，宁宁就是不吃，态度非常坚决。

于是我们和家长沟通，询问他在家吃饭的情况，结果他的妈妈反映，宁宁在家时食欲不错，还能自己吃饭。宁宁在家能好好吃饭，为什么到了幼儿园就不吃了呢？我们都非常困惑。家长也曾看过幼儿园的饭菜，感觉无论是色彩搭配还是营养调配，都比家里的饭菜要好。宁宁妈妈很不安，担心他长此以往会缺乏营养，影响生长发育。我们也非常能体会宁宁妈妈的心情，但是怎么才能想办法让宁宁喜欢吃幼儿园的饭呢？宁宁妈妈建议在中午时，由她来幼儿园喂宁宁吃饭，看看宁宁的反应，说不定妈妈来了，他就会吃饭了。于是一天午饭时，宁宁妈妈来了，结果宁宁还是不吃饭。

后来我们想了一个办法：请宁宁妈妈把他在家用的饭碗带来。一天吃早饭时，老师先给别的小朋友分幼儿园的饭碗，宁宁把头转过去，一点吃饭的意思也没有，但是当老师把宁宁自己在家用的饭碗拿过来时，宁宁突然就有了兴趣，拿起勺子就大口大口地吃了起来，一会儿就把饭吃了个精光。孩子的转变竟然如此之快，可见方法用对了。

中午吃饭时，老师把幼儿园的饭菜盛到宁宁自己的饭碗里，非常高兴地对宁宁说："宝贝，老师给你送饭来了。"于是，宁宁的午饭也吃得非常好。就这样慢慢地，随着宁宁不断适应幼儿园的生活，几天之后，他就可以很好地用幼儿园的饭碗吃饭了。

（于桂芬）

## 评析

孩子刚上幼儿园时，因为离开了熟悉的家庭和亲人，来到陌生的环境，需要面对新的老师、小朋友，所以他们就会缺乏安全感，有的孩子哭闹，还有的孩子中午不睡觉，这种表现被称为入园焦虑。

宁宁不吃幼儿园的饭也是入园焦虑的一种表现，原因同样是缺乏安全感。那么在孩子吃饭时，什么能给孩子带来安全感呢？一开始，老师想通过家长陪伴孩子进餐的方式让孩子获得安全感，尝试之后却发现没有效果。后来老师又尝试把孩子在家里用的饭碗带到幼儿园，就这样，宁宁吃饭的问题得以解决了。由此可见，面对孩子的入园焦虑，只要老师仔细观察，用心去理解孩子，找到能给孩子带来安全感的方法（可能是精神上的，也可能是物质上的），就能帮助孩子尽快适应幼儿园的生活。

（于桂芬）

## 我可以帮你吗

有一次，小托班的小峰（化名）花了好长时间穿鞋，却始终没有穿上。我看了赶紧过去帮忙，结果却惹来小峰的一场哭闹。面对小峰的哭闹，我束手无措，当时我感觉自己的内心有些委屈并且很有挫败感。

无奈之下，我又把给他穿好的鞋脱下，让他自己重新穿，才安抚了哭闹不止的小峰。

第二次，在院子里，我看到小峰又在费力地穿鞋。

我走过去问："小峰，我可以帮你吗？"小峰摇了摇头。于是我走开了，远远地看着他费力地穿鞋。

时间过了好久，小峰终于自己把鞋穿好了。这时，小峰突然伸开双臂，开心地在院子里跑了很久，脸上洋溢着一种极大的满足感和成就感，那神情让我很感动。

（于桂芬）

## 评析

蒙台梭利的名言"Help me to help myself"（帮助我让我可以帮助我自己），充分体现了尊重孩子和孩子自我意愿的重要性。

第一次，老师没有经过小峰的同意，就擅自帮他穿鞋，小峰用哭闹来表示抗议，引发了老师的思考。

第二次，在看到小峰穿鞋遇到困难时，老师问："我可以帮你吗？"这体现出老师对孩子的尊重，于是才有了后来老师看到孩子克服困难获得成功的感动。

即使孩子做得再慢、再不好，只要他想自己做，老师就要耐心等待，等待他们成就自己，因为这种自我成就对成长而言意义深远。老师对孩子真正的信任和尊重，就体现在帮助孩子之前的这一句"我可以帮你吗"和对孩子意愿的尊重中。

（于桂芬）

## 我想让老师喂我

丹丹（化名）是个文静乖巧的小女孩，她在活动时总是专注地听讲，小腰板挺得直直的，回答问题的声音也总是柔柔的，在老师的眼中，丹丹一直是个不用老师太费心的乖宝宝。

可是最近一段时间丹丹的表现有些反常：她来园时会闹情绪，哭着不进教室，如果老师抱她、哄她，她又马上顺从地进教室了；活动时，丹丹总是分心，如果老师提醒她，她又能回过神来继续活动；吃饭时，丹丹面对饭菜总是一副没有食欲的样子，如果老师喂她，她又像"大老虎"一样胃口大开地吃饭了。

注意到丹丹最近的变化，我便在一次晚离园时，与丹丹聊起天来。

我抱着丹丹边聊天边等她的妈妈，丹丹在我的怀里显得很自在、很开心，我问道："丹丹，你最爱吃什么？"

"山药！"

"是吗？那你觉得幼儿园的山药好不好吃？"

"好吃！"

"那老师怎么看你最近不太喜欢吃幼儿园的饭？是因为做得不好吃吗？"

丹丹没有回答，低着头不知道在想些什么。

我见状继续问："哪个菜你不爱吃呢？"

丹丹想了想，说："幼儿园的饭都好吃！"

"那你最近不舒服吗？"

丹丹犹豫了片刻，继续说道："我想让你喂我，你只喂那几个吃饭慢的小朋友。"

我一听，立刻明白了丹丹最近不愿意自己吃饭的原因，原来她只是想让老师关注她。

孩子的心是很敏感的，老师一定要关注每一个孩子，消除孩子的误解，让他们知道，老师关注着每一个人。同时，老师还可以鼓励他们说出自己的感受，让他们快乐地成长。

（慕小曼）

## 评析

皮亚杰做过一个实验，他在两把椅子上放了两个垫子，在其中的一个垫子下面藏了东西，让他的儿子进来找。结果儿子好几次都只是掀起没藏东西的垫子说："没有东西呀！"皮亚杰很沮丧："怎么会这样呢？"蒙台梭利告诉他："你根本不了解你儿子，他是想让你有成就感。"或许孩子知道，如果自己找到了东西，游戏就结束了。

儿童的内心世界非常宽广，我们需要用心去体会，才能了解儿童的真实想法。

就像案例中的丹丹，她用自己的反常行为来吸引老师的关注。像丹丹这样的表现在幼儿园的孩子身上很常见。老师只有用爱的态度、语言、行为来对待和理解孩子，才能滋养每个孩子的内心。孩子被读懂了，才会真正感到快乐！

（王雪梅）

## 我能行

小丹（化名）不但年龄小，个头也小，是我们班的一块"宝"，大家都宠她、爱她、保护她，她给我们带来了许多的欢乐。

小班的大部分孩子都学过、做过切水果的工作，但小丹只是看过别的孩子做，没有亲自操作过，因为我们担心她能力不够，所以从来没有让她做过。

区域工作时，全班小朋友都在安静地投入工作，我和刘老师发生了这样一段对话：

"让小丹做切水果的工作吧？"

"能行吗？别让她切着手。"

"要不让她分水果吧？"

"行。"

于是，我将水果切开，请小丹来分。小丹双手端着盘子，还有点倾斜，她走到小凯（化名）的面前说："姐姐，请你吃水果吧！"我看到她能有礼貌地分水果，就放心地请她自己完成了。

过了片刻，小丹不见了，我忙问："小丹哪去了？"瑞瑞（化名）说："她在切水果呢。"我一听胆战心惊，赶紧来到切水果的区域。

只见小丹把左手手指弓起来放到黄瓜上，右手握刀，两手离得很远，她切了一下却没切动，于是又将左手放在右手的手背上，双手一按，黄瓜就切开了，小丹笑了。就这样，小丹每次都按照老师教的方法摆好姿势，再双手一按。听到小丹的笑声，我能体会到小丹因成功而产生的喜悦，也仿佛听到了小丹的心声："我能行！"

通过这件事，我感悟到：孩子的能力是无限的，我们要相信孩子，创造条件让他们进步，让他们往上跳一跳，摘到更高的果子。

（邢芳）

## 评析

案例中的小丹年龄小，能力比其他孩子弱了许多，为了爱护小丹，不让她受到伤害，老师给她设限了。让人感到庆幸的是，老师通过降低操作难度来满足小丹"自己做"的需求。当她要自己做"比较危险"的事情时，老师没有急着制止，而是静静地观察，老师看到了孩子有能力做好，感受到了孩子成功后的喜悦，从而改变了对待她的态度。

孩子的安全固然重要，但老师也要相信每个孩子都有保护自己的能力，尽可能让孩子自己动手，相信他们能做好。

只有这样，他们的能力才能得到更大的提升。如果老师过度保护孩子，就会削弱孩子的能力。我们要相信孩子的潜能是无限的。

（唐泽福）

## 借阅图书上的"标签"

晚离园时，小奥（化名）的妈妈对我说："赵老师，小奥昨晚没领到书。"我将昨晚发剩的书拿过来，没有发现小奥的标签，不过有一本书上没贴标签。于是我对小奥的妈妈说："这一本书没有名字，可能是多出来的，你们先看这本书吧，明天我再让于老师查一下。"

小奥的妈妈刚要拿，小奥马上大声且表情严肃地说："我不要这本书！"他指了指另一本贴了标签的书，说："我要这本书。"

"可这本书是小哲（化名）昨天忘记拿的，他今天要拿走。"说着正好小哲的爸爸来了，他拿走了那本书。

小奥依然坚持不要那本书，他又指了指另一本贴了标签的书说：

"我要这本书。"

我回答他："不行，因为那本书也贴了标签，所以是别人的，如果你想看，我记下书的名字，等小朋友还回来后就给你看。"

但小奥还是拒绝拿多出来的那本书，小奥的妈妈有些着急："小奥，就拿这本书吧，其他书是给大孩子看的，妈妈也看不懂……"

小奥一直坚持自己的意见，我带他去图书角选一本他喜欢的书，但他不选，于是我找了一本画着大河马的书，扮作大河马的样子问他："你喜欢这本书吗？"小奥回答："喜欢。"但他接过"大河马"的书，又说："可是这本书上也没有标签。"他的这句话让我恍然大悟。原来，小奥不是在任性地挑书，而是在意借阅图书上的标签，而恰恰我给小奥的书上没有标签。

明白了小奥"任性"的原因，我又找了一张纸条，写下他的名字，小奥马上提醒我"要把标签粘在书上"。我粘好后，小奥拿着笔递给我："你还没有写数字呢。"我在标签上写上数字，又在书的左下角写了一个数字，直到还原了标签本来的样子，小奥这才拿着书开开心心地回家了。

一开始，当小奥不要那本书时，我认为孩子有些任性，可他的那一句"可是这本书上也没有标签"让我理解了孩子。事实上，他不是任性，只是在内心的秩序感被打乱后表现出了一种反抗。

（赵伟娣）

## 评析

做孩子心事的翻译者，读懂孩子，对教育者来说非常重要。

当老师能够了解孩子"任性"的原因时，就能够心平气和地接纳、理解孩子，并做出积极的应对。当老师知道这是孩子内心的秩序感被打乱后的正常反应时，老师才能够真正打开孩子的心门，走进孩子的内心世界，孩子自然也会感受到老师的爱。

在案例中，老师对于孩子坚持自己意见的行为没有强硬地要求孩子服从，也没有讲道理让孩子必须按要求去做，而是和孩子沟通、交流，征求他的意见，最后找到症结所在，并顺应了孩子的要求。最后，不仅老师和家长明白了孩子的想法，孩子也可以开开心心地回家了。

尊重孩子不仅是弯下腰和孩子平视，更是真诚地以尊重的态度平等地看待孩子，和孩子做朋友。

（李向荣）

## 秩序敏感期

一天早晨，文文（化名）的妈妈送文文来幼儿园比较晚，文文的小眼睛红红的，一看就是哭过了，我一脸惊讶："宝贝今天是怎么啦？"

文文的妈妈一脸无奈地说："不知道为什么文文近来越来越任性了，本来我们来幼儿园的路线是固定的，可是今天早上因为要买点东西，我没有和文文商量就走了另外一条路线，文文很不高兴，大哭大闹，非要让我倒车回去，按照原先的路线重新走。"没办法，妈妈只好依着她，所以来幼儿园晚了一些。

听完文文妈妈的叙述，我意识到文文的秩序敏感期来了。所幸的是，文文妈妈的这种做法恰恰顺应了孩子的成长需要。

果然，正如我所判断的，文文在幼儿园的生活状态发生了变化：吃完午饭，文文把餐车旁小朋友没有放好的餐巾一条条整理好，还颇为得意地欣赏自己的"作品"。就连常老师带着小朋友出去玩，她也不为所动，坚持做完自己的"工作"。我们赞叹道："文文把餐巾整理得好整齐呀！"

睡觉时，文文把自己床单上的每一处褶皱都仔细整理好，才小心翼翼地躺上去，愉悦地睡去。

晚离园时，图书角的图书有些凌乱，文文过去把图书一本本整理好，按大小分类，摆放整齐，我们忍不住表示感谢："谢谢文文为大家服务。"

我们欣赏着生命的内在奇迹，感叹着文文的一举一动，心里充满了感动。

在与文文的妈妈交流时，我把有关秩序敏感期的一些资料给她看，和她交流文文在幼儿园的表现，让她了解孩子的秩序感源于对环境的控制欲望，这种控制欲望的根源在于对未知的恐惧。当生活有序时，孩子就会感到安全。只有一遍遍重复原有秩序，不断巩固安全感，直到孩子把握了这个秩序的恒定性，内化了守恒概念，他才能进一步发展。

我还告诉文文的妈妈，不要误以为孩子"任性""被惯坏了""故意找碴儿"，批评、斥责甚至镇压孩子的情绪反应反而会破坏孩子的秩序感，阻挠孩子对标准和完美的追求，也会扼杀他们自律感的萌芽，导致孩子将来在遵守规则和发展道德感方面出现各种障碍与问题。

在班级里，老师也在努力理解和尊重文文的秩序敏感期的特殊要求，尽量满足她对事物固定秩序与完美无缺的追求。老师们达成一致，如果文文因为某种"秩序"被破坏而哭闹，老师们会平静地陪伴她、倾听她，与她共情，并协助她找到解决问题的办法。我们相信，不管文文出现什么样的状况，只要我们能够齐心协力，就一定能让她安全顺利地度过这个秩序敏感期。

现在，文文在我们的鼓励、呵护下，慢慢地开始不再执拗，她的情绪也越来越稳定。我们默默地注视着她一点一滴的变化，幸福也在我们的心中潜滋暗长着。

（李向荣）

## 评析

每个孩子都是独特的个体，在孩子的成长过程中，作为成年人，尤其是老师，我们要理解、满足孩子的需求，陪伴他、倾听他，帮助他找到解决问题的方法，这样才可以让孩子的情绪平复下来，让孩子的内在舒展开来。

在案例中，老师及时的赞叹和道谢让孩子很有成就感。其实在每个孩子的心里，都天然存在着强烈的秩序感。秩序感是孩子安全感的来源之一，是他对事物做出准确分辨与判断的基础，也是他建立道德意识的奠基石，尊重孩子的这份心理需求，对孩子的一生都有非常重要的意义。

案例中的文文正在经历秩序敏感期，如果在这个时期打乱孩子的秩序感，就会给孩子带来极大的混乱和不适。孩子发展出了秩序感，其自我的形成就有了可能，他才能拥有和谐的内在。

（李向荣）

## 不喜欢吃香菇

孩子们正津津有味地吃着午餐，突然朝朝（化名）大声说："老师，辰辰（化名）吐了！"

我急忙走过去，一边收拾一边询问："辰辰不舒服吗？"

辰辰立刻趴在桌上，小声地说："我肚子疼。"

收拾完，我把辰辰抱在怀里边摸她的小肚子边问："你想大便吗？"

辰辰摇了摇头，并迅速低下头。辰辰的小脸红扑扑的，没有难受的表情，却好像有点胆怯。

这时，我看到了盘子里的香菇炒青菜，心想：会不会是她不喜欢吃香菇呢？

于是，我拉着辰辰的手，温和地对她说："辰辰是不喜欢吃香菇还是真的肚子疼？"

听我这么说，辰辰诧异地看了我一眼，不好意思地说："我不喜欢吃香菇，吃到嘴里一嚼就想吐。"

我放下心来，笑着说："你为什么不告诉老师？"

这一次，辰辰大胆地说："老师说不挑食才能长得壮，我要是不吃香菇，就不是壮娃娃了。"

听着辰辰真诚而无奈的话语，看着孩子纯真而委屈的面容，我的心中充满了怜爱。同时，我也感到自责：平时我总是说要尊重孩子，可对个体差异的尊重却没有落到实处。诚然，我们这样做是为了孩子好，但恰恰是这种善意，却让辰辰感到吃饭是一种负担，让她无法享受进餐的乐趣。于是，我把辰辰盘子里的香菇拨到了一边，允许辰辰不吃香菇。这一次，辰辰大口地吃起来了。看着她吃得香甜的样子，我的心中也充满了快乐！

（吕仙英）

### 评析

这个案例使我想起一句话："幸福感"是对童年最好的滋养。老师就是要让孩子不断体验到幸福感。

吕老师之所以能用理解和尊重使辰辰体验到进餐的幸福，是因为她能读懂辰辰的心事，并及时觉察和反思自己。

（王雪梅）

## 不一样的理解

瑄瑄（化名）是小班的小朋友，他聪明、乖巧，很受欢迎。

一天早晨，瑄瑄的奶奶送他时和我交流："陈老师，瑄瑄说昨天晚上没吃饱饭，我问他为什么不跟老师要，他却一本正经地对我说，老师说吃饭的时候不准讲话。"我听后哭笑不得，可是转念一想，是不是因为我们要求孩子安静吃饭，孩子就认为不可以讲话了呢？

我想起前几天儿子的一件事。我儿子很喜欢看书，每次从幼儿园借阅的图书他都看得津津有味，还特别喜欢让我给他讲书中的故事。周末我们去奶奶家时，我拿出书来想给他讲一讲，可奇怪的是，这次他不让我讲。我很不解，但是我知道孩子这样做肯定是有原因的，于是问他为什么不让讲，他认真地说："老师说，这本书是拿回家看的，所以我不能在奶奶家看。"我听了以后恍然大悟，原来是这样啊。同时，我也明白了孩子对规则的理解，在儿子的心里，他觉得只有回到自己的家才是老师说的"回家"。

通过这两件事，我发现小班孩子对语言的理解方式是比较直接的，老师说什么就是什么。他们的理解简单、直白，只会理解字面意思，不会去思考语言背后更深层次的内容和意义。老师说吃饭不讲话，那就意味着什么话也不能说，吃不饱不可以举手要，因为那样就违反了"吃饭不讲话"的规则；老师说回家看书，那就是只有回到自己家才是老师说的"回家"，换成别的地方就不可以了。

事实上，这就是小班阶段的孩子普遍存在的年龄特点。通过这两件事，我更留心观察班上其他的孩子，并发现这种现象是普遍存在的。例如，如果老师告诉孩子下楼梯靠右行，那么即使前面有人挡路，有的孩子也不会绕开，因为他在坚持靠右行的原则；如果老师要求孩子进教室换室内鞋，那么有的孩子即使室内鞋湿了，也不会穿其他的鞋子，等等。成年人理解了孩子的这一特点，就能更好地理解和接纳孩子。

在工作中，我也因此更加注意与孩子的沟通方式。无论说什么话，我都要确认一下孩子是否真的理解了，如果发现有的孩子还不是很明白，我会再清楚、详细地介绍一遍，并尝试用不同的方式表达，直到每个孩子都理解为止。同时，我也加强了和家长的交流，利用家长会的时间和家长一起分析了孩子的这一特点，请家长有问题及时和老师沟通，这样我们既能更好地理解孩子，也能减少误会。

（陈秀云）

## 评析

　　沟通的效果由双方决定，要达到好的教育效果，孩子首先要能够听懂并理解老师说的话，老师也需要用心检验孩子是否能听懂老师的表达。陈老师通过瑄瑄的话深深感受到了孩子的年龄特点——理解能力较弱，只能理解文字的表面意思，不会思考语言背后更深层次的内容和意义。理解了这个特点，老师才能使用更好的方法与孩子沟通。

　　如果每位老师都能像陈老师这样，在发现问题后不是一味地指责孩子，而是带着理解和爱，从自身做起，努力改变自己与孩子沟通的方法，那么师幼之间的互动一定会更加通畅。

（王小丽）

## 男子汉可以哭

　　灿灿（化名）是个可爱的小男子汉。他很喜欢说的一句话是："男子汉是不可以哭的！"

亨亨（化名）摔倒了，趴在地上"呜呜"哭，灿灿会跑过去扶起他，并安慰说："别哭别哭，男子汉是不可以哭的！"

小梦（化名）不高兴了，张大嘴巴"哇哇"哭，灿灿会去帮小梦擦眼泪，边擦边说："别哭别哭，男子汉是不可以哭的！"

不论谁哭了，灿灿都会送上这句话作为安慰。

灿灿很好动，爱跑又爱跳，所以他经常摔跤。可就算摔得很重，眼泪分明就快流出来了，灿灿也不会哭。我们看着很心疼，抱着他想让他哭出来，可他会一声不吭地转过身去。

有时灿灿不高兴了，也会强忍着眼泪对自己说："男子汉是不可以哭的！"然后他就真的一声也不哭。

在灿灿刚开始说这句话时，我们都还没意识到有问题，只是觉得这么小的孩子能说出这样的话，很有趣。

后来在与灿灿的接触中，我们才意识到了问题的严重性。我们发现，灿灿总是在压抑自己，那种感觉很痛苦。

于是我们与灿灿的妈妈进行交流，这才得知：灿灿以前很爱哭，他的爸爸总是用"男子汉是不可以哭的"来教育灿灿，时间久了，灿灿就觉得自己不可以哭了。

清明节时，灿灿玩得太累小腿抽筋了。虽然很疼，但他依然含着眼泪说自己是男子汉，不能哭！我被他的坚强所感动，但更多的是心疼和担忧。

于是，我便经常抱着灿灿聊天："灿灿，你是小男子汉吗？"

灿灿点头说："我是男子汉，我不哭！"

我说："我是大人，但如果我不高兴、不舒服了，我也会哭的，因为哭出来就会觉得舒服多了！"灿灿看着我，若有所思的样子。

我接着说："小歌（化名）摔疼了也会哭，可我仍然觉得他是小男子汉。"灿灿点点头。"当你不高兴了，摔疼了，你也可以哭，即使你哭了，我也仍然觉得你是小男子汉，因为你很聪明，也很能干，遇到困难能想办法解决，还特别喜欢帮助别人，对吗？"

灿灿说："对！"

我又接着说："男子汉也可以哭，只要哭完了还是很勇敢，不怕困难就行了！以后，你想哭的时候，就趴在老师身上哭，好吗？"

灿灿说："好吧！"

就这样，我们经常和灿灿说类似的话，灿灿也似懂非懂地答应着。班上一有孩子哭，我们就会抱着孩子一边安慰一边引导："想哭就哭吧，老师陪着你！小女孩和小男孩都可以哭，即便哭了，老师也还是喜欢你！"

慢慢地，我发现灿灿变了，他很少说"男子汉不可以哭"了，有时他遇到困难也会大哭几声。看到灿灿不再压抑自己的情绪，我很欣慰。

（于晓霞）

## 评析

父亲认为男孩子不可以哭，这种态度给孩子造成的影响是：孩子为了让自己像个男子汉而始终压抑自己的情绪，同时不自觉地以此标准来要求和评价小伙伴。在老师看来，男孩可以哭泣，哭泣的男孩一样是男子汉，老师还告诉孩子自己作为老师、作为成年人也会哭，哭出来会感觉舒服很多。这样的引导让孩子认识到哭是正常的，也慢慢地认同自己的情绪，并用哭来释放自己的情绪。

由此可见，家长和老师的语言对孩子的影响是很大的。因此为了孩子的身心健康成长，作为孩子的陪伴者，无论是家长还是老师，都需要注意自己的语言表达，让孩子学会正常释放情绪，而不是一味地压抑自己。

（于桂芬）

# 一顶勇气的帽子

二月的一天早上，天气很冷，回到教室后，我看到霖霖（化名）坐在椅子上，眨着大眼睛，看起来有些不高兴。我思索了一下，明白了他不对劲的原因。

霖霖是一个很怕热的小朋友，进教室后他通常都会先将外套脱掉。而今天，他不仅没脱掉外套，还戴着衣服上的帽子。于是我问他："你怎么没有脱衣服呀，你不热吗？去把外套脱了吧！"

他看着我说："没事，苏老师，我就这样穿着吧！"

我察觉到了不对劲，盯着他看了又看，他注意到了我的目光，按住了自己的帽子，我跟着他的动作看了过去，发现他的头发好像变短了。我心里有数了，笑着问他："霖霖，你剪头发了呀，让苏老师看看可以吗？"

他稍微掀开了帽子的一角，那一刻，我也有些吃惊，霖霖的头发竟然都被剃掉了，我突然明白为何他不太高兴了。

于是我轻声问他："爸爸、妈妈带你去理发店剪头发了吗？"

他小声地回答我："不是，是妈妈自己在家里给我剪的。"

我又问他："你不喜欢这个发型吗？"

他不好意思地说："也不是，我挺喜欢的。"

"那你为什么不想脱掉外套呀？"

"我怕小朋友们笑话我。"至此，我完全了解了霖霖为什么闷闷不乐。

我安慰他："首先，老师很喜欢你这个发型，让本来就很帅气的你变得更加帅气了；其次，不会有小朋友笑话你的，就算有，苏老师也会很认真地制止他们，而且只要你喜欢这个发型，其他人的看法也不是那么重要，重要的是你喜欢就行。"

他迟疑了一会儿，说："没事，苏老师，我先穿着外套吧！"

我想不能让他压力太大，于是说道："可以的，如果你感觉热了就去脱掉外套吧！"

他点点头，然后去签到了。我忍不住偷偷观察他，想看看他有没有情绪上的变化，同时思考怎么去开导他。

就在这时，我突然想到了我在教室里放了几顶帽子，于是将他叫过来，问道："霖霖，苏老师这里有帽子，你要不要戴上试试？这样你就可以把外套脱掉了。"

他点点头，于是我拿出来了一顶鸭舌帽。在帮他摘掉外套帽子的一瞬间，他还是有些躲闪，不好意思地看着我，我调整好帽子的大小为他戴上，他笑着对我说："苏老师，要不我先戴着你的帽子吧！"

我开心地说："当然可以，你现在可以将你的衣服叠好放到柜子里啦。"霖霖开心地照做了。

升旗仪式开始了，霖霖就这样一直站在我的身边，当国旗升起，孩子们要脱帽行注目礼时，我看到他小心翼翼地将帽子摘下，悄悄观察身边小朋友的反应，当他发现并没有小朋友表现异常或者关注到他时，他看着我不好意思地笑了笑。但让我开心的是，在升旗仪式之后的户外体育活动时，他将帽子递给我："苏老师，帽子还给你吧，我觉得不戴也行。"

有几个小朋友好奇地凑近霖霖，一开始，霖霖还有些紧张，身体微微紧绷。其中一个小朋友笑着说："霖霖，你这个发型好酷呀！"霖霖听到小朋友的夸赞，眼睛瞬间亮了起来，原本紧张的神情也放松了许多，嘴角不自觉地上扬，他开始开心地和小伙伴们讨论起自己的发型。他们围在一起，叽叽喳喳，笑声不断。看着他和伙伴们玩耍的背影，我心中充满了温情。

（苏恩慧）

**评析**

理发，这样一件小事，却能成为孩子的心事。老师在霖霖表达自己的想法和感受时，给予了充分的关注，因此她才能发现霖霖这细微的情绪变化原因。在孩子成长的道路上，读懂孩子的心事，成为这些心事可靠的翻译者，是老师给予孩子的珍贵礼物。

　　成为孩子心事的翻译者其实就是倾听、观察、理解、共情及有效沟通。理解和共情是成为孩子心事翻译者的关键。我们要尝试站在孩子的角度去思考问题，感受他们的情感体验，深入地了解他们的想法。在孩子的世界里，老师的理解与支持，就是他们最坚实的依靠和最温暖的阳光。

（李春雨）

## 孩子的画里有"话"

　　为巩固大班孩子对装饰线条的应用，我选择了一项稍有难度的美术活动——"最特别的建筑"。为了迎合孩子们的兴趣、拓展他们的思维，我提前搜集了很多世界名建筑和动画片中奇特建筑的图片。

　　在孩子作画前，我带领他们复习了各种各样的装饰线，并对孩子们说："我们要学会运用不同疏密的线条来装饰房子。"可是，话还没讲完，淇淇（化名）便把我在黑板上贴的建筑图纸全部拿掉，然后在白板上画了很多没有规律、混乱的线条。

　　我对淇淇说："淇淇先坐好，老师讲完你再继续画好吗？"

　　淇淇生气地说："不好，我就要现在画。"

　　为了继续完成教学活动，配班老师带淇淇去美工区继续画画了。

　　孩子自主作画时，我走进美工区。发现淇淇在纸上勾勒出了很多密密麻麻的线条，作品已经偏离了本节活动的主题。于是，我重新拿了一张纸，试图引导淇淇按照本次活动的主题画。但淇淇依旧坚持以自己的方式作画，画面中有很多横线和竖线，还有一些数字。

画完后，淇淇拿着作品给我看，我并没有看明白画面的具体内容，只看到画中有简单的线条，画面没有涂色。因此我想引导淇淇给自己的作品涂上漂亮的颜色，但淇淇并没当一回事，转身进入科学区玩了起来。

教学活动结束后，淇淇再次拿着作品，给我详细讲解画面内容。这时，我问："淇淇，你为什么不认真上课呀？"

淇淇说："因为我不想画这些。我从爸爸的手机里看到过中国最高楼——上海中心大厦，它的地上层数共有 127 层，"她接着解释道，"老师，这些数字代表楼层数，楼的总高度有 632 米，这些横线表示楼层，竖线代表窗户。"

听完他的解释，我不禁感叹，原来我低估了一个孩子的记忆力和表达能力。其实，孩子的画就是他们的心里话，他们会通过绘画表达内心的真实想法。

在琪琪的画中，我看到了无尽的创造力和想象力。他用简单的线条描绘出了结构复杂的大厦，每一笔都充满了童真与智慧。孩子的每一幅作品都是他们心灵的诉说，每一笔都是情感的释放。因此，孩子的画虽然没有固定的规则和标准，却充满了真挚和纯粹。他们不会刻意掩饰自己的感受，也不会刻意追求完美，他们的作品就像他们的语言一样简单、直接和真实。

（范书娟）

## 评析

　　只有当我们认真"倾听"孩子的画时，才能真正理解他们的内心世界；只有当我们用心观察孩子的画时，才会发现其中蕴含的情感和深意。这些画不仅反映了孩子的性格和情绪，还能帮助老师更好地了解孩子的需求和困扰。绘画不仅是孩子发展潜能和智力的一种方式，还能帮助老师更好地做到因材施教。

（肖华军）

# 第四篇

# 正向引导
## 将问题重构为成长契机

　　每个孩子都是独一无二的个体，他们有着各自独特的性格、兴趣和行为方式。然而，我们常常会不自觉地用固定的标准和模式去要求他们，一旦孩子的行为不符合预期，就容易将它视为问题。比如有的孩子比较好动，在课堂上坐不住，在传统的视角下，这可能被看作调皮捣蛋、不遵守纪律；但从另一个角度看，好动的孩子往往充满好奇心和探索欲，他们对周围的世界有着强烈的兴趣，这种特质如果得到正确引导，可能会在科学探索、艺术创作等领域发挥巨大的作用。

　　正如爱默生所说："每一种挫折或不利的突变，都带着同样或更大的有利的种子。"在孩子的成长中，我们要用正向引导去解决他们的问题，把每一个问题都当作孩子成长的契机。当我们转变视角，用心去发现孩子行为背后的闪光点和潜力时，就会发现，那些曾经让我们头疼的问题，都可能助力孩子的成长。

# "污渍" 还是 "玫瑰花"

午睡时间到了，小朋友们正有秩序地坐在床上脱衣服，这时，带着哭腔的声音传到了我的耳朵里："老师，你看我的枕头怎么了？"随声望去，只见媛媛（化名）正高高举着自己的枕头向我走来。

我的心头不禁一颤：媛媛要是生气了可不得了，她哭起来可是无所顾忌、声嘶力竭，一哭不可收拾呀！

我赶快走过来，问："媛媛怎么了？有什么事慢慢说，跟老师说清楚，我来帮你解决。"

听了我说的话，她的情绪缓和了一点："老师，你看我的枕头怎么了？"

顺着她的手指，我看到她淡粉色的枕套边缘有一块深紫色的痕迹，我也有些不解。转眼看了一下她的床，发现她的床上有一支没有盖盖子的水彩笔。我明白了，媛媛的床在最上面，肯定是哪个小朋友不小心把水彩笔丢在上面了，因为笔没有盖盖子，所以染了她的枕套。

再看看媛媛即将要崩溃的表情，我该怎样说呢？我在脑海里迅速地思考着如何缓解媛媛的情绪。我知道媛媛是个追求完美的小女孩，她的秩序感特别强。她每天午睡时都会把脱下来的衣服叠得整整齐齐，放在固定的位置，从来没有变过。

如果我告诉她枕套是被水彩笔染了，那么她很有可能会大哭大闹，甚至不依不饶！

"呀，你的枕套好漂亮呀！这是什么？是不是紫色的玫瑰花？你是怎么弄上去的？真好看。"我急中生智回应道。

听我这么一说，她有些迷惑，但看我认真的样子，她的表情有所舒缓，重新低下头仔细地看自己枕套上那块小小的紫色，然后像是自言自语，又像是在对我说："它就是玫瑰花。"

"哇，这个玫瑰花是怎么弄上去的呀？我也想要！"看我如此惊喜与羡慕，她的表情舒展了："我也不知道，它自己变出来的。"说完，媛媛得意地抱着自己的枕头走了。

引导孩子从另一个角度看待问题，孩子便不再因为枕套变脏了而难过，而是因为它变得更加漂亮而喜悦。

每个孩子都有自己的性格特点，这是对教师的教育智慧的考验。教师需要针对不同特点的孩子，采取不同的教育方式，给予孩子正面积极的引导，让孩子在一种愉悦轻松的氛围中思考、解决问题。

（陈秀云）

## 评析

一件事有正反两面，枕头上被水彩笔染过的痕迹可以被称为"污渍"，也可以被看成"玫瑰花"。与其说老师对孩子说了一个善意的谎言，不如说老师是在引导孩子用美的眼光、美的心灵看待世界。智慧需要用智慧来启迪，一个善于用正面、积极的视角看待事物的老师，内心充满了阳光，在阳光普照的地方，灰暗的心灵也会被点亮。

媛媛小朋友特别的个性一方面让老师头疼，另一方面也激发了老师的教育智慧，让老师在情急之下做出了聪明的引导，不仅让一个即将要爆发负面情绪的孩子归于平静，甚至还让她开心起来。所以，任何事情都有正反两面，陈老师也要感谢媛媛小朋友的特别，因为正是她的特别才激发出了老师的智慧。

（王小丽）

## 困难的"S"形

"为梦想加油"亲子运动会拉开序幕。我带着几个孩子一起练走"S"形项目。我们来到活动场地，我先给孩子们示范了一遍游戏玩法，小彤（化名）第一个出发了，他表现不错，动作麻利，"S"形绕得很好，我也很兴奋；轮到小睿（化名）了，前面挺顺利，可是在走"S"形时，他并没有在每个空之间穿梭，但总算完成了，此时我有点担忧了；到了小天（化名），他基本上是一步步挪出"S"形的；接下来，小辰（化名）的表现更糟了，他不会走"S"形，只在瓶子的同一边走，瓶子摆在那里形同虚设。

"再来一次。"我对孩子们说道。这一次，我就站在彩色瓶那里，因为我发现了走"S"形有多困难，当孩子们走到这里时，虽然我心里有些焦躁，但是我安慰自己：我们不追求名次和奖牌，而是追求对规则和能力的培养，这才是孩子终身受用的。我要求孩子们不漏掉每一个空，如果有孩子漏掉了，我会请他重新走一次。

"小睿，你太棒了！这一次所有的彩瓶都被绕了一遍。"小睿兴奋地跳起来；"小辰，你会走'S'形了呀，老师真佩服你，这么短的时间就学会了。"小辰跃跃欲试。"再来一次"成了我的口头禅，但是我并没有看到孩子们的压力，他们那么快乐，我也从中感受到了快乐，我的心变得坦然了，我也始终没有说出那个"快"字。

（宋艳玲）

## 评析

　　老师不要求孩子竞争，而把关注点放在培养孩子的能力上，这样一来，孩子的"竞争力"就会自然产生。当老师的关注点转变后，老师的情绪也就随之转变了，相应地，老师的语言和态度也就不显得那么急切了。孩子们从老师身上感受到的正能量能够激发他们争取做得更好的意愿，也能让他们更愿意去做某件事。孩子的情绪是一切的动力。

（宋艳玲）

## 娃娃家的小插曲

　　午饭后，我带小朋友到三楼大厅的区角玩。

　　我发现小涵（化名）每次都会跑到娃娃家里抱起布娃娃，边走边说："宝宝，今天妈妈带你到超市买东西！"说着就抱着布娃娃进入旁边的"超市"。

　　可是有一天情况却发生了变化。这天中午，我们又到那里玩，可是小涵却大哭着跑到我这里，还没等她说话，小帆（化名）也跟在后面跑了过来，手里还抱着那个布娃娃。小帆说："老师，每次都是她玩布娃娃，今天是我先拿到的。"

看样子，小帆看到小涵哭了，很怕我批评她。于是，我对小帆说："没关系，是你先拿到的，你去玩吧！"

我又转过身来对小涵说："宝贝，你为什么哭呀？"

她委屈地说："我没有宝宝了。"

"你很伤心对吧！"她点点头。

"那你有没有别的办法呀？"我又问。

"什么办法也没有。"她可能只顾伤心了，根本没心思想办法。

"你可不可以请个小朋友给你当宝宝呀？"我继续引导。

"没人想给我当宝宝。"

"那我来给你当宝宝好不好？"

小涵一听，马上停止了哭泣，进入了角色，拉着我的手，说："宝宝，妈妈带你去超市。"我不禁被孩子的天真逗笑了。

又一天的午饭后，小帆找到我："老师，今天我们还去那个娃娃家玩吧！小涵当妈妈，我当姑姑。我们共用一个娃娃。"

我有些吃惊，孩子们竟然能想出如此完美的解决方法。我问："这是谁想出来的好办法？"

小帆笑着说："是我们两个商量出来的。"

"真是一个好主意！"我夸赞道。

孩子的世界很天真，孩子的世界很单纯。一个布娃娃就可以让孩子们玩得如此尽兴。同时，孩子们又是充满灵性、充满智慧的。她们的解决方案公平又温馨，没有成年人世界的世俗与杂念。

（陈秀云）

## 评析

　　智慧只能以智慧来启迪。当两个孩子争布娃娃时，陈老师处理得很得当：首先，她引导孩子遵守规则——谁先拿到，谁就有权利先玩；其次，她理解孩子的感受，一句"你很伤心是吗？"说出了孩子的感受，让孩子感受到了老师的理解；最后，她引导孩子遇到问题想办法解决，同时愉快地参与到孩子的游戏中。短短的几句话不仅解决了问题，平复了孩子的情绪，还加深了师幼之间的情感。后来孩子们想的办法，又何尝不是对老师教育的回报呢？孩子们也开始想办法解决如何共同游戏的问题了，这就是智慧的老师启发出来的智慧孩子。

（王小丽）

## 从"砸水缸"到"观察铜钱草"

　　午饭后，阳光洒满幼儿园的走廊，孩子们正跟随老师散步。突然，一阵"扑通"的声音引起了我的注意。小男孩伦伦（化名）正蹲在水缸边，手握小石头与石膏鸭向水缸投掷。

　　我走过去，蹲在他身旁，轻声问道："伦伦，你在做什么呀？"

　　他抬起头，兴奋地说："老师，你看！石头掉进水里会有声音，鸭子也会浮起来！"

　　我点点头，继续问："石头和鸭子会不会打扰到水缸里的水呢？你觉得水缸里的水会有什么感觉？"

他愣了一下，歪着头思索片刻："水会疼吗？我不知道……"

我轻声解释道："水缸里的水是小植物生活的家园，如果我们总是扔东西进去，它们就没办法舒服地生活了。就像如果有人向你的小床上扔东西，你也会不开心的，对不对？"

伦伦眨了眨眼睛，似乎有所领悟，可还是没有放下手里的小石头。

我知道，对小班的孩子来说，感官探索是他们认识世界的重要方式，直接制止可能会适得其反。于是，我接着说："伦伦，如果你喜欢听水的声音，我们可以找个更合适的地方玩，好吗？"

他点点头，慢慢放下了石头，但眼神里还透着一丝不舍。

接下来的几天，我注意到伦伦路过水缸的时候，总时不时地瞥几眼，但他再也没有往里面扔石头。直到第二周的早晨，我路过走廊时，他像一只骄傲的小兔子，一下子蹦到我的面前，激动地说："高老师，你看！我这次没有往水缸里扔石头！"

我连忙蹲下，温柔地摸了摸他的头，笑着赞许地说："伦伦真棒！你保护了水缸里小植物的家，谢谢你！"他听了，嘴角上扬，笑得无比灿烂，仿佛完成了一件了不起的壮举。

又过了几天，伦伦对水缸的兴趣似乎转移到了里面的小植物上。这天，他蹲在水缸边，小手指小心翼翼地摸着里面那片鲜嫩的绿叶，眼里满是好奇地问道："高老师，这是什么小植物？"

我告诉他："这是铜钱草，是一种喜欢生活在水里的植物。"

他接着好奇地问："铜钱草为什么不在花盆里待着，它在水里不会淹死吗？"

我笑着解释："铜钱草很特别，它的根和叶子都可以在水里生长，水就是它的家。"

伦伦睁大了眼睛，似乎对这个答案很感兴趣。他继续追问："那它吃什么呀？水里没有泥土，它不会饿吗？"

　　我耐心地回答："水里有它需要的营养，阳光也会帮助它长大的。"

　　从那以后，伦伦每天路过水缸，都要停下来仔仔细细地观察铜钱草的变化。有时他会兴奋地告诉我："高老师，铜钱草又长出新叶子了！"有时他会皱着眉头，疑惑地问："为什么这片叶子黄了？"就这样，伦伦从一个喜欢向水缸里扔石头的小男孩，逐渐蜕变成一个对植物世界充满好奇的小小观察家。他的眼中因为发现了水缸里的奇妙世界而闪烁着探索的光芒。

（高丹丹）

## 评析

　　伦伦的成长并不是一蹴而就的，而是在一次次小小的探索与思考中逐渐完成的。从往水缸里扔石头到观察铜钱草，他的好奇心从未消失，只是变得更加细腻、深入。在这个过程中，老师并没有简单地告诉孩子"对"与"错"，而是用问题激发他的思考，用替代方案满足他的探索欲望，用鼓励肯定他的进步。正是这些小小的引导，让他从感官的满足走向了更深层次的认知与关爱。

　　每个孩子都是一个小探险家，他们对世界充满了好奇与期待。而老师作为他们的陪伴者、引导者，要用耐心、爱心和智慧，引导和帮助他们在这片广阔的世界中找到属于自己的答案。因为，教育的本质不是填满一个桶，而是点燃一把火。而伦伦的故事，正展现了这把火燃起的美丽瞬间。

（李春雨）

# 忽视孩子的"错误"

　　幼儿的年龄特点决定了他们会经常"犯错"，大人总是习惯性地当面指出孩子所犯的"错误"，认为只有这样才能让孩子改正"错误"。其实不然，我们应该多多发现孩子的进步，对孩子的正面行为进行强化，这样更有利于孩子的成长和进步。

　　大志（化名）是我们班的一个大男孩，大志的妈妈经常对我们说："老师，大志吃饭太慢了，怎么催都没有用！这可怎么办呢？"我告诉大志的妈妈，以后不要再催孩子，这样久而久之，孩子便会产生一种信念：我就是一个慢小孩，改也改不掉，我没有办法快速做事情。当孩子真的拖拉时，大人可以故意忽视孩子的"缺点"；当发现孩子做事高效或有进步时，就及时给予表扬。

　　我一般这样说："大志，老师今天叫你一遍你就听到了，真迅速。""今天，你吃饭比昨天快了两分钟，进步很大。""大志，你帮老师分盘子吧，你是老师的得力小助手。"

　　在这个过程中，让孩子关注自己的成就，从而产生动力。久而久之，孩子会感受到迅速做好事情给自己带来的成就感，自信心也会增强。

　　大志的妈妈听了我的话，回家也学着忽视孩子的"错误"，多关注孩子的进步和优点，渐渐地，大志吃饭、做事的速度提高了很多。

　　其实在幼儿园的一日生活中，我经常遇到孩子所谓"犯错"的时候，比如孩子把水洒了一地、和小朋友闹矛盾、打人……每当这时候，我都提醒自己要学会忽视孩子的"错误"，先缓一缓再去解决，等到孩子做得正确时，用积极、愉悦的态度肯定孩子的正确行为，以此强化正确行为。例如，对孩子说："你刚才拿杯子真稳当，水一点也没洒！""你会和小朋友友好相处了，能主动把玩具让给小朋友了！"

家长和老师应该真正理解、接纳孩子，用一双发现美的眼睛去看待孩子，多发现孩子的优点和闪光点，用爱的语言、眼神鼓励孩子，让孩子充满自信，产生心理安全感，从而使孩子更加健康、快乐地成长。

（贾明明）

## 评析

家长和老师应多关注孩子的闪光点，让闪光点覆盖孩子的"不足"，不给孩子贴负面标签，而是给孩子正面的引导和暗示，并及时肯定孩子，理解和接纳孩子在成长过程中产生的"不足"和无心的"犯错"，了解孩子的年龄特点和心理需求，了解孩子背后的正面动机，真正走进孩子的内心，这样才能让孩子真正灵动起来、绽放开来。

幼儿期的孩子的自我评价是根据成年人对他的评价形成的，在案例中，家长"做事情太慢了"等负面的语言让孩子对自己有了负面的评价，并因为这种暗示而变得越来越负面，老师通过巧妙地对孩子说"进步真大""真迅速"让孩子变得积极。正面看待孩子，正面引导孩子，孩子就能正向成长，这就是奇妙的心理暗示。

（李向荣）

# 心灵的软化剂

新学期，班级来了一个小女孩，她刚到班上就被我注意到了，因为她的表情和别的孩子不一样，她没有四五岁孩子应该有的自在、开心、舒畅。不管我什么时候看到她，她都眉头紧皱，眼睛瞪得很大，一副生气的样子。我的第一感觉就是，这个孩子并不快乐，她对周围的环境很排斥。她接下来的表现也证实了我的感觉。

接下来的日子，我每天都很忙，甚至成了她的"私人裁判"。因为她每天都会多次找我告状，事情无非就是有小朋友弄脏了她的鞋或碰到她了。我更加感觉到她对周围人的不接受，甚至是排斥、不信任，对整个环境缺乏安全感。她的心扉在这里是关闭的。

面对这个孩子，我陷入了深思，我考虑了许久该如何去做，我觉得我不应该忙着去改变她，而应该先改变我自己。

我扪心自问：虽然孩子不接纳我们，但作为在这个环境中起主导作用的我真正接纳孩子了吗？或许最应该改变的就是我。

接下来的日子，我从心底里接纳她、爱她，不去考虑她的种种"缺点"，面对她的告状我也会心平气和地处理。

"老师，小浩（化名）用脚使劲踢我。"她说道。

我不否定她，而是轻轻地拉过她的手，因为我想让她感受到我对她的爱。我温和地对她说："宝贝，不要忙着下结论，我们一起去问问小浩到底是怎么一回事好吗？"

她还是眉头紧皱，杏眼圆睁。我拉过小浩："小浩，你喜欢她吗？"

"喜欢！"

"那刚才你为什么踢了她一脚？"

小浩有些难为情："老师，刚才我在学变身，一不小心碰到了她。"

我又转过头对女孩说："听见了吗，他很喜欢你的，而且他也不是故意要踢你的。小浩，你给她道个歉好吗？"

每一次，我都会心平气和地处理与她有关的情况，给她讲小朋友对她的爱，老师对她的爱。

当我完全接纳她、理解她时，我发现我看她的角度也有了很大的变化。我会更多地关注她身上的优点：聪明、大方、动手能力强、做事情有秩序、讲卫生等。

有时，我会把她的很多优点说给她听。一天午休时，她在用心整理她的床铺，另一位老师告诉她不用整理了，可以等起床后再整理。没想到她认真地说："不行，陈老师都说了我在幼儿园很讲卫生。"听了她的话，我有一些触动，我知道我的话在她心中已经起作用了。

我知道，我不光要接纳她，更要无私地去爱她。她感冒了，我会提醒她喝水；梳头发时，我会故意给她变个发型；她擅长剪纸，我就让她剪纸来装饰教室；户外活动时，我会跟她开玩笑……这些爱的表达她都感觉到了，我能感受到她很满足、很开心。

不知从什么时候开始，我发现她脸上纠结的表情不见了，愤怒的表情越来越少，开心的笑容越来越多。当然，我也变得越来越轻松，因为她和小朋友相处得越来越融洽，我再也不用天天当"裁判"了。

前一段时间，我因家里有事，请了几天假。到第三天时，她就忍不住了，非要妈妈给我打电话，她说她很想我。当我来上班时，她飞奔到我的怀抱中，那一刻，我们都很幸福。而且我知道，这种幸福会一直持续下去。

与其说我帮助了她，不如说这件事帮助了我自己。她的改变也让我更加明白如何做好一位老师。我也更加深刻地意识到，爱、理解和接纳就是孩子心灵的软化剂。

（陈秀云）

## 评析

对待一个看似有"问题"的孩子，老师能够认识到需要改变的首先是自己，及时改变自己对孩子的看法，从另一个角度去发现孩子的优点，这真的很了不起。

事实证明，老师改变了自己对孩子的看法，孩子也会逐渐发生变化。这就是"皮格马利翁效应"——老师怎样看待孩子，他就会成为什么样的人，孩子会朝着老师期待的方向发展。

同时，老师对她的引导也很重要，当孩子遇到问题时，老师先接纳她，而不是否定她，接着和她一起了解事情的经过。反复几次之后，孩子也就从老师那里学会了处理问题的方式。

（王小丽）

## 我喜欢你

早晨，小力（化名）早早来园了，吃完早餐后他便搬着小椅子准备去蒙氏线。

这时，小蕊（化名）和她的奶奶也来了，小力见了马上走过去，朝着小蕊的肚子就拍了一下，正当他还想做点什么时，却被小蕊的奶奶生气地呵斥道："你打小蕊干什么？"

小力被吓了一跳，默默走开了，我一看小力的表情，就猜到了他的想法，便对小蕊的奶奶解释道："阿姨，小蕊和小力是好朋友，小力刚刚是想和小蕊打招呼，您平时不常来接送，可能不太清楚，他这样拍小蕊的确不太好，我会告诉他下次换个方式，抱一抱、拉拉手，这样我们就知道他的善意了。"

小蕊的奶奶一听，脸上的表情舒缓了一些，说道："是啊，我还纳闷，他为什么打我孙女呢，原来是这样啊！"

小蕊的奶奶走后，我便问道："小力，刚才你为什么要拍小蕊的肚子？"小力委屈极了："我想让她陪我一起玩。"

"你想和她一起玩，你喜欢她？"

"嗯，我们是好朋友。"

"那你怎么做才能让她知道你喜欢她呢？"

"我告诉她。"

"对啊，她知道了一定很开心，可是刚刚你不仅没告诉她，还用手拍她的肚子，她会觉得你喜欢她吗？"

小力想了想，摇了摇头，说："不会。"

"那你觉得怎样做更好？"

"我可以抱抱她，拉着她的手一起进来。"

"嗯，你想得真好，下次就这样表达你的喜欢吧！"

"嗯，我抱抱她。"小力欣然接受。

第二天早上，小力拉着小蕊的手把她领进了教室，高兴地告诉我："老师你看，这次我是拉着小蕊的手进来的。"我赞许地点了点头。

孩子会用自己的方式吸引他人的关注，孩子也会用自己的方式表达自己的爱意，有时需要老师耐心去理解和解读，走进孩子的内心，了解孩子行为背后的动机，在孩子需要理解的时候像朋友一样倾听他，以心为钥打开孩子纯真世界的大门。

（慕小曼）

## 评析

作为老师，我们需要走进孩子的内心世界，发现每个行为背后积极的、正面的动机，解读孩子的情绪和内心的想法，而不是凭借自己的主观判断。老师需要有一双敏锐的眼睛，发现孩子每个细小的行为背后的逻辑。

生命的美丽、智慧和创造力的展现，建立在老师和家长充分引导孩子看到自身的负面情绪，并帮助孩子充分放下这些负面情绪的基础上。

案例中的老师不仅有一颗温柔的心，能够体会孩子内心的渴求，了解孩子内心的细微变化，而且也能及时说出孩子内心的想法和感受——"你想和她一起玩，你喜欢她？"然后又引导孩子思考——"那你觉得怎样做更好？"让孩子通过自己的思考解决问题，并对孩子的想法进行肯定——"嗯，你想得真好，下次就这样表达你的喜欢吧！"这正是以心为钥打开孩子纯真世界大门的体现。

老师通过和家长的沟通，也及时解除了家长的误会，很好地保护了孩子，让孩子既能维系美好的友谊，又学会了如何表达自己的情感。

（李向荣）

## 美好的愿望

每天早上，小昱（化名）总会和他的姥爷道别，并祝姥爷一路平安之后，再进教室。

今天小昱在祝福后依然没有进教室的意思，一直不停说着话。经验告诉我，孩子要控制不住自己的情绪了。"我要在他的情绪爆发前转移注意力！"意识到这一点后我马上行动！

小昱的语言表达能力很不错，认得很多字，我看见正前方的主题墙，灵机一动，问："小昱，你认字吗？"

"认。"

"能给我讲讲这上面写的是什么吗？"

"行！这个是一次性的，最好不用，所以画叉，这个可以长期使用，所以画对钩……"小昱说得劲头十足，我在他把注意力全放在主题墙上时请他跟姥爷说再见，看起来这没有影响他的情绪。讲完后，小昱自然地跟我回到了教室。

我自认为成功转移了他的注意力，可后来发生的事情告诉我，"转移注意力"之法只能应一时之急，小昱之后便放声哭起来。

我朝他走过去，他看到我后，努力控制着自己的哭声。"心情不好时哭出来会舒服些，我陪着你好吗？"但他只是表情痛苦地坐在那里，一句话也不想说。

我回忆着他今天早上的话语和行为，他当时对他的姥爷说："你如果晚上回不来就让爸爸来接我。"

"姥爷今天有什么事吗？"我问他。

"姥爷今天要外出，可能不能来接我。"小昱稍愣了一下，告诉我。

"为什么呢？"

"如果下大雨，他就不能回来了。"

"你有些伤心，对吗？"

"对，没有车他就不能回来了，植物长得不好他也不能回来。"

"这么多可能性，换作我，我也会伤心的。"

"并且姥姥也去，妈妈又值班，只剩下爸爸来接我了。"说着说着，小昱的情绪更低落了。

"小昱，你能告诉我，在什么情况下姥爷会回来呢？"我帮他转换了话题的方向。

小昱眼睛一亮，告诉我："如果不下雨，有车，植物长得好……"当他这样说时，小昱的情绪越来越好。

为了巩固他的这种感觉，我继续引导："我们把这些可能性都画下来怎么样？"我的建议得到了小昱的响应，他安静地投入画画中。

他在太阳旁边画了一块有雨的云，表示太阳会把云团赶跑；又画了绿绿的植物；还画了姥爷、姥姥在站牌下等车；画了一辆客车，客车上有乘客，也有空座位。接着，他让我帮忙写下"晴天、有车、植物长得好"，最后他指着画中央让我写上"希望愿望能实现"。

作品完成了，心门打开了，小昱脸上露出灿烂的笑容。

晚上小昱的爸爸来接他了，小昱笑着将画折好放在爸爸的上衣口袋中，又拉着爸爸讲主题墙上的内容，看着他兴高采烈的"演说"，我产生了莫大的成就感。

有时一个动作、一个眼神就可以引导孩子情绪变好，但有时也需要像今天这样，细心地观察，一步步地引导，尝试多种方法。

（刘宁）

## 评析

为了消除孩子的不良情绪，刘老师很耐心地尝试了很多方法：转移注意力、共情、画画等。但真正引发转折的是那句话：在什么情况下姥爷会回来呢？一个人的想法决定了他的情绪，改变情绪首先要改变一个人看待事情的角度，想法改变后，情绪自然就会好起来。这句话引导孩子从正面积极的角度看待事情，接着老师让孩子画画，又把孩子想到的事物具象化了，把积极的画面呈现在孩子的心里，"创造画面的能力决定生命的品质"，画面创造得好，孩子的情绪自然就好起来了。

（王小丽）

# 关于"赶山会"的一次讨论

　　一天，老师组织孩子们交流"赶山会"。老师先请孩子们自己交流，然后提问道："谁去赶山了？"孩子们争先恐后地举手发言。

　　接下来，老师又问："说说你是怎样赶山的？"

　　孩子们的回答大多围绕着自己的同行者。老师依然没有小结。之后老师又让孩子们围绕着刚才的问题进行自由讨论。

　　我对老师说："你组织讨论的目标是什么？"

　　老师说："就是让孩子们说一说赶山的趣事，交流一下赶山的经验。"

　　我说："哦，那我们这样问问看！"我们来到一组正坐在一起无所事事的孩子面前。

　　我问："你们去赶山了吗？"

　　孩子们回答："去了！"

　　我接着问："真的吗？那你们见到的山会是什么样子的？"

　　孩子们回答："我买了面具、糖球，还有糖人！""我买了鱿鱼、烤肉串！"

　　我说："哦！原来山会上有许多卖东西的！"

　　我又问："还有谁想说说你见到的山会是什么样子的？"

　　又有孩子说："好多人！"

　　我说："原来山会上有许多人！"

　　"还有谁想说？"

　　"我去玩蹦极了！还看见了大飞机！"

"哦，原来，山会上还有许多好玩的东西呢！"

"老师，山会上有坏人！"

"哦？怎么说？"

"我爷爷被人骗了，有人让他抽奖，然后，很多人围着他，不让他走！"

"我奶奶的钱包还被人偷走了！"

"我姐姐还摔倒了呢！胳膊摔破了！"

"是呀！赶山会时还是要注意安全，我们可以提醒家人放好钱包，走路时注意脚下。"

在愉快的交流中，孩子们将赶山会的经验都表达了出来！

"通过刚才的讨论，你有什么感觉？"我问老师。

老师反思：讨论要有目标，面对孩子的回答，老师要及时给予肯定并延伸话题。在谈话活动中，老师要留给孩子们充足的讨论时间，鼓励孩子将自己的感受和经验表达出来，这样也有助于我们理解孩子想要表达的意思。

（王升语）

## 评析

语言是交流和思维的工具。幼儿期是孩子语言发展，特别是口语发展的重要时期。幼儿在运用语言进行交流的同时，也在发展人际交往能力、理解他人和判断交往情境的能力、组织自己思想的能力。

幼儿学习语言的首要任务是成为积极的语言运用者。在案例中，教师的提问具有开放性，包含对幼儿语言的及时肯定与延伸，这些正向的引导都有助于幼儿成为积极的语言运用者。反之，如果教师在表达过程中过于急躁，不断打断孩子，就会将幼儿想要运用语言的愿望扼杀在摇篮里。

（唐泽福）

## 调皮的孩子

小豪（化名）是个非常有力量的小男子汉，但同时他也非常调皮。每天的早操器械都是他一个人扛下楼送到操场的，他不仅不觉得累，反而将它当作一种荣誉。

这天，小豪在帮我将黑板推到走廊时，一不小心将我的脚撞流血了。同事见了问我怎么回事，孩子们抢着说："小豪把刘老师的脚碰破了。"

小豪站在一边听见了，把头趴在了柜子上，我能感觉到他很难过。

我说："没事，我一点儿也不觉得疼，这点伤算什么。"

孩子们还是很关心，一直问："刘老师，疼吗？"

我说："你们都不怕受伤，我就更不怕了，这点伤算什么啊。"

小豪抬头看着我，那从未有过的眼神，让我似乎看到他胸膛里那颗柔软的心。

户外活动时，邻班老师看到我的脚也都问我怎么回事，我一摆手："碰了下，没事。"这时，小豪一直关注着我。

他开始爬杆子。小豪从小班开始就非常擅长爬杆，他曾告诉我爬杆时手要使劲，如果手没使劲就爬不上去。所以小豪爬杆时，我不会阻止他，只要孩子能保护自己，就可以让他去尝试冒险。

从杆上下来后，小豪悄悄塞给我一颗绿绿的葡萄，如果是以前，我会告诉他，葡萄没熟不能摘，但今天我笑了笑，说："谢谢，我很喜欢。"因为我知道小豪想表达对我的歉意和感激，他不好意思用语言表达，便用行动表示，把所有小朋友都想得到的长在高处的葡萄送给我，虽然他没有说什么，但我却深深感受到了小豪深切的爱。

我想起了另一件事，那天小豪早上有点不舒服，户外活动没精神玩，坐在葡萄架下休息，见我走过来，他起身，说："刘老师，这凉快，你在这坐吧！"

"可是，我怕蚂蚁……"我的话音还没落，小豪就开始在树干上找蚂蚁了。

"现在没有蚂蚁了，你坐吧！"小豪身体不舒服，却把自己找到的阴凉位置让给了我。

就这样，一向以调皮著称的小家伙，逐渐地跟我亲昵起来。我们建立起了深厚的友谊，有了情谊滋润，解决任何问题就都容易得多了。

（刘宁）

## 评析

这个案例让我感受到了一位老师对孩子深深的爱。爱是理解、宽容与接纳。孩子碰伤了老师的脚，内心有深深的不安和自责，这时，老师感受到了孩子内心的自责，因此没有指责和批评孩子，而是反复笑着说"没事"来宽慰孩子。同样，孩子也感受到了老师的爱与宽容，并用行动表达了自己对老师的爱——摘葡萄送给老师。这种心与心之间的交流，润物无声，滋润着老师和孩子的心灵。

（王小丽）

## 不想起床

午休起床的时间到了，一个中班教室里传出了孩子的哭声，我听了一会儿，哭声没有停止，反而越来越大。

我便来到了班级，看到老师正在对一个躺在床上的小男孩讲："起床时间到了，赶快起床，接下来还要吃水果。"可是男孩就是躺在床上不起来。老师看到了我，便说："这个孩子从小班开始就爱赖床。"

孩子的哭声还在继续，我来到孩子身边，蹲下来对孩子说："小伙子，你现在还想躺一会儿，是吗？"男孩含着眼泪点了点头。

"那好，王老师陪你一会儿吧！"我边说边摸摸他的头，孩子平静了许多。

过了一会儿，我说："可以了吗？我们起床吧？"小家伙一下子就从床上爬了起来。

我们来到教室准备吃水果，可是孩子又指着香蕉说："我不吃这个！"

老师马上说："香蕉软软的，很有营养，尝一口吧！"

孩子听后，把水果盘子往前一推，连里面的苹果也不吃了。

老师一看，想和孩子讲讲道理，可是被我打断了，我说："没关系，喝点水，然后吃点你想吃的东西。"

孩子照做了，看着他吃了苹果，我又试着说："我小时候也不爱吃香蕉，不过现在很爱吃，你能吃一点尝一尝吗？"

孩子看着我，轻轻咬了一小口。我问："味道怎么样？没有你想象中那么难吃吧？"

孩子点点头，我又说："没关系，你能吃多少就吃多少，尽量别浪费，好吗？"没想到，孩子吃了一大半。

我趁机与老师交流："当孩子情绪激动时，我们一定不要激动，更不要和孩子较真儿，孩子情绪激动一定有其原因，我们先接纳他的情绪，认同他的感受，认真倾听孩子的倾诉，然后寻找解决问题的方法。"

我刚和老师交流了几句，就听到孩子又哭了，这时，老师抱起孩子说："宝贝，你又难过了吗？"

孩子哭得更加委屈，老师又问："我能帮你吗？"

孩子抽泣着说："我想小班的老师了！"

老师说："哎呀，你真是个重感情、爱老师的好孩子！你小班的老师知道了一定会很高兴的。等户外活动时，我带你去看看你以前的老师，好吗？"孩子擦了擦眼泪，去玩了。

在佩服老师们超强学习能力的同时，我更感受到接纳孩子的情绪、认同孩子的感受的重要性。

（王升语）

## 评析

面对情绪激动的孩子，成年人如何看待孩子的情绪很重要。当老师认为孩子情绪激动是在表达一种需要时，就会蹲下来仔细倾听，了解孩子的需要；反之，当老师认为孩子的情绪是一种无理取闹时，老师的情绪也必定激动、烦躁。

因此，当孩子情绪激动时，老师一定要平静，不要和孩子理论。孩子情绪激动一定有其潜在的原因，老师要先接纳孩子的情绪，与孩子产生共情，得到孩子的信任，使孩子产生安全感，走进孩子的内心，然后寻找解决问题的方法，从而达到我们的教育目的。

正所谓"情通才能理达"，在案例中，面对老师的说教时，孩子毫无感觉；但是当他的情绪得到接纳、需求得到关注，老师再表示认同并说出他的感受时，他的抵触情绪马上就减弱了，这时再与他沟通也就容易多了。

（王升语）

## 妈妈来幼儿园

一连几周，在户外活动的时间，梦梦（化名）的妈妈都会带着梦梦的弟弟来幼儿园上亲子课。这时，梦梦就会东张西望地寻找妈妈和弟弟的身影，一旦看不到，她就会哭哭啼啼地问："妈妈哪儿去了，我要找妈妈！"

我也试图避免让梦梦见到妈妈和弟弟，但是她的妈妈每周都要带弟弟来上亲子课，总躲着也不是个办法，可看到梦梦哭，我又特别心疼，怎么办？

这天，我们正在院子里做操，梦梦又看到她的妈妈和弟弟了，还没等她做出反应，我便大声说："梦梦，来，好好做操让妈妈和弟弟看看！"然后她一边做，我一边鼓励她："你做得太好了，我看到妈妈在笑呢！"梦梦听了，做起操来认真多了。

早操结束后，我对宝贝们说："梦梦的妈妈和弟弟也来了，我们一起去和他们玩吧！"孩子们都同意，梦梦更是开心极了。

我边走边说："梦梦，别的小朋友在幼儿园看不到妈妈，你却能看见妈妈，真是太幸福了！"梦梦听了我的话，脸上露出美美的笑容。

接下来，我们围着梦梦的妈妈和弟弟玩，梦梦很高兴地向妈妈展示自己：她一会儿骑车，一会儿滚轮胎，一会儿又和小朋友追着跑。

看她玩得如此高兴，我趁机对她说："和妈妈一起玩，你高兴吗？"梦梦点点头，"那一会儿我们回教室时，你和妈妈说再见，下次我们还让妈妈和弟弟来和你一起玩，好吗？"梦梦开心地答应了。

之后，梦梦在幼儿园见到妈妈再也没有哭过，她能开心地玩了，我和梦梦的妈妈都感到很欣慰！

（于晓霞）

## 评析

　　同样是妈妈带弟弟来幼儿园的情景，一开始梦梦唯恐失去妈妈的关注，并因此伤心哭泣；后来当老师喜悦地告诉梦梦，她可以在幼儿园和妈妈、弟弟一起玩是一件幸福的事，并引导她用另一种情绪来面对同样一件事时，梦梦也更开心了。

其实，很多事情本没有意义，意义都是人赋予的，一旦事情被赋予人所认为的意义，就会对人产生积极或消极，正面或负面的影响。赋予意义这一举动的影响之大远远超出人们的想象。

（于桂芬）

## 漂亮的蝴蝶结

一个春日的午后，阳光透过玻璃洒进来，在地板上织出一片片金色的光斑。我正蹲在教室一角整理教具，忽然听见身后传来声响。回头一看，是甜心（化名）。她正踮着脚尖，努力想要拿到毛巾架上的蝴蝶结发卡。那是我昨天用来示范系蝴蝶结的教具，此刻它正安静地躺在架子上。

"老师，我想学系蝴蝶结。"甜心转过头来，小皮鞋在地上轻点几下，圆溜溜的大眼睛里闪着期待的光。我注意到她的鞋带有些松散，鞋带调皮地垂在旁边。

我搬来一把小椅子，示意她坐下。"系蝴蝶结啊，就像两只小兔子在跳舞，"我一边说，一边将鞋带绕成一个圈，"先让一只小兔子跳过去，再让另一只小兔子从洞里钻出来……"

甜心认真地盯着我的动作，小嘴微微嘟起，像是在默记每一个步骤。我注意到她的手指不自觉地跟着我的动作移动，像在空气中画着看不见的图案。

"老师，为什么我系的蝴蝶结总是歪的？"甜心一边苦恼地看着自己系得歪歪扭扭的鞋带一边问我。

我蹲下身，看着她的小眼睛："因为小兔子还没学会跳舞呀，你要多练习才行。"她似懂非懂地点点头，又继续专注地摆弄起鞋带。

就这样，我陪着她一遍又一遍地练习，终于，在尝试了十多次后，她成功地系出了一个完美的蝴蝶结。"老师你看！"她兴奋地跳起来，蝴蝶结在她的鞋面上欢快地跳动，像一只展翅欲飞的蝴蝶。

第二天早上，甜心蹦蹦跳跳地来到教室。我惊喜地发现，她的鞋子上系着漂亮的蝴蝶结，虽然还有些歪斜，但已经很像样了。"是妈妈帮我一起系的，"她骄傲地说，"我自己练习了好久呢！"

户外时间，我看见甜心在教其他小朋友系蝴蝶结。她像个小老师一样，认真地讲解着："先让一只小兔子跳过去……"阳光透过窗户洒在她的侧脸上，那一刻，我仿佛看见了一只破茧而出的蝴蝶，正在阳光下舒展着美丽的翅膀。

德国教育家第斯多惠说过："教育的艺术不在于传授本领，而在于激励、唤醒和鼓舞。"在这个春日的午后，我深深体会到了这句话的含义。教育不是简单的知识传递，而是心与心的交流，是生命对生命的唤醒。

现在，每当我看见蝴蝶结，就会想起那个充满阳光的下午。那个下午，我不仅教会了一个孩子系蝴蝶结，更见证了一个生命的成长。

（龚姚安）

133

## 评析

　　这个故事所呈现的不正是教育的意义吗？我们给予孩子的不应该只是一个完美的结果，而是与他们一起不断尝试的过程；我们不只想让孩子学会一项技能，更想点燃他们心中的自信与热情。就像系蝴蝶结，重要的不是最后那个完美的形状，而是在这个过程中，孩子学会了坚持，体会到了成长的喜悦。

　　教育的真谛，正在于此。让我们用爱与耐心，陪伴孩子走过每一个成长的瞬间，见证他们从稚嫩到成熟的蜕变。

（王红侨）

## 神奇的泡泡

　　午休后，米乐（化名）总是第一个冲到水池边洗手。他举起沾满泡沫的小手，眼睛弯成月牙，开心地说："老师，你看我手上长了一个'雪人'！"绵密的泡沫在他的掌心中堆叠，确实像个圆滚滚的雪人，头上还歪歪斜斜地顶着个小泡沫球当帽子。

　　"真漂亮，"我轻声说，"不过雪人会不会冷呀？要不要给它织条围巾？"

　　米乐的眼睛一下子亮了，他小心翼翼地用另一只手蘸了些泡沫，在"雪人"的脖子上绕了一圈。"这是泡泡围巾！"他宣布，然后突然打了个喷嚏—— 一定是泡沫飘到了他的鼻尖上。这个意外让他咯咯笑起来，笑声清脆如风铃。

渐渐地，米乐制作泡沫的技术越来越精湛。一天，他创造了一只"泡沫兔子"，长长的耳朵是用食指慢慢拉出来的；又一天，他做出了"泡沫城堡"，尖尖的塔顶在阳光下闪着微光。其他孩子被他的创意吸引，纷纷围在洗手池边，叽叽喳喳地讨论着要怎么做出最特别的泡沫造型。

一个晴朗的午后，米乐照常在水池边玩泡沫，突然，他发出一声惊喜的呼喊："老师！泡泡里有彩虹！"我凑近一看，阳光刚好以一个奇妙的角度穿过他手中的泡沫，折射出斑斓的色彩。

看着孩子们好奇的眼神，我解释道："这是光的折射现象，就像三棱镜一样，阳光穿过肥皂泡的外膜时，不同颜色的光会以不同的角度折射出来。"为了让孩子们更直观地理解这个原理，我拿来一个玻璃杯，倒满水，放在阳光下，当光线穿过水面照在墙上时，墙上果然出现了小小的彩虹。

这个发现让洗手变成了最受孩子们欢迎的活动。孩子们争先恐后地制造泡沫，就为了捕捉那一闪而过的彩虹。米乐更是成了"泡沫大师"，他能让彩虹在泡沫上停留得最久，还会教其他小朋友调整光线的角度。

米乐神秘地拉着我的衣角："老师，我发现了一个秘密。"他把我带到窗边，指着阳光下的肥皂泡说："每个泡泡里的彩虹都不一样，有的颜色多，有的颜色少。"我惊讶于他的观察力，更感动于他对这个世界的好奇心。

于是，我决定把这次偶然的发现变成一堂生动的自然课。我们找来各种透明的容器，装上不同浓度的肥皂水，用吸管吹出了大小不一的泡泡。最让孩子们兴奋的是"泡泡套泡泡"的游戏，米乐经过多次尝试，终于成功地在一个大泡泡里吹出了一个小泡泡。这个突破让他手舞足蹈："老师，你看！泡泡妈妈抱着泡泡宝宝！"他还尝试在不同的时间段观察泡泡，想象每个泡泡里面都居住着小精灵。

作为老师，我有幸能守护这份童真，看着它在孩子们心中生根发芽。看着孩子们在游戏中学习、在探索中成长，我深深感受到身为幼儿教师的责任和幸福。

（王艺颖）

## 评析

米乐和孩子们在泡沫中发现的彩虹，不仅是大自然的奇妙馈赠，更是他们对世界探索的体现。每个泡泡，都像一个小宇宙，折射出孩子们无穷的好奇心与创造力。

孩子们用纯真的眼睛观察世界，用天马行空的想象力创造奇迹。或许很多年后，这些孩子会忘记在幼儿园里学过的知识，但我相信，他们一定会记得那些在阳光下闪耀的泡泡，记得发现彩虹时的惊喜，记得探索未知时的快乐。而这些美好的记忆，将会成为他们人生中最珍贵的财富。

（宋亚男）

## 当交换遭遇拒绝

自主游戏的钟声一响，孩子们便如小鸟一般，三三两两地飞向了各自心仪的游戏天地。乐乐（化名）与萱萱（化名），这对默契十足的小伙伴，早已在汽车区铺开了昨日精心规划好的交通图，开启了他们的驾驶之旅。

"嘀嘀……快让开，汽车来啦！"乐乐的欢呼声如同清晨的号角，充满了活力与期待。

"不对，你不能在这里拐弯。你看……"萱萱俨然一副小交警的模样，认真地指出了乐乐的驾驶失误。

就在这对小伙伴沉浸在游戏的乐趣中时，小宸（化名）站在不远处看着他们，眼中闪过一丝失落。但很快，他调整了情绪，带着一抹神秘的微笑走近了乐乐。

"乐乐，我家有好东西，你想不想吃？"小宸的声音里带着诱惑。

乐乐抬头，眼中闪烁着好奇与喜悦："好啊，当然想吃了！"

小宸的笑声如同银铃般清脆："好呀，那你去别的地方玩，让我和萱萱玩汽车，我明天就给你带好东西吃。"

乐乐的脸色顿时沉了下来，他倔强地扭过头："那不行，我不要你的好东西，我家也有很多好东西呢！"

小宸不甘心，继续诱惑道："我家里还有奥特曼汽车。"

乐乐依旧不为所动，坚持道："我家里有更好玩的汽车……"

小宸的脸上再次浮现出失落，他低下头，似乎在思索新的策略。我心中虽有些焦急，但想起了一句话："人际交往是幼儿社会学习的主要内容，也是其社会性发展的基本途径；幼儿在与他人交往的过程中，不仅在学习如何与人友好相处，也在学习如何看待自己、对待他人，不断发展适应社会生活的能力。"被拒绝，不也是一种宝贵的学习经历吗？于是，我选择了静观其变，让这场小小的社交剧自然发展。

萱萱目睹了小宸和乐乐的交流，一直默不作声的她微笑着走到小宸身边，沉稳地向小宸发出邀请："你也想玩吗？我们一起玩好不好？"

小宸的眼睛马上有了光彩："真的吗？我可以一起吗？"

萱萱拍拍乐乐的肩膀，问："你说好不好？我们一起玩。"

乐乐的小脸瞬间涨得通红，像是熟透的番茄，他紧紧攥着手里的小汽车："不行！这是我们两个人设计的路线，不能让别人加入！"他的声音里带着明显的颤抖，仿佛在守护着最珍贵的宝藏。

我轻轻蹲下身，让自己的视线与孩子们平齐。阳光为乐乐的发梢镀上金边，我能看见他睫毛上还挂着未干的汗珠。"乐乐的路线设计得非常有趣，一定很好玩。"不经意间我转头看向萱萱，她正用期待的眼神看着我，小胸脯随着呼吸一起一伏。"萱萱邀请朋友的方式特别棒，就像小王子邀请玫瑰跳舞那样优雅。"同时，我也给予了萱萱肯定。

三个孩子的眼睛同时亮了起来。乐乐突然站起来，把手里的蓝色小车递给小宸："这辆给你，它爬坡最厉害！"萱萱则主动牵起小宸的手："快来吧，大家一起玩。"

看着三个孩子一起快乐地玩小汽车，我的心情无比舒畅。回想刚才的一切，我似乎真的没必要着急。在成年人的世界里，总是难免产生各种各样的焦虑，我们总希望遇到的问题能够在最短的时间内被解决，同时会不自觉地要求孩子也这样做。然而，孩子们的世界是纯粹的，他们会用自己的节奏和方式去解决问题。我们需要做的，便是在适宜的时机给予孩子适当的指导，而不是盲目地急于干预。

（宋亚男）

## 评析

　　孩子们通过自己的方式解决了问题，不仅学会了如何与他人相处，还体验了合作与分享的快乐。作为教育者，我们的角色不是替孩子解决问题，而是为他们创造探索和成长的空间。我们要学会放手，给予他们足够的信任和时间，让他们在尝试与失败中积累经验，在互动与协商中学会理解与包容。我们也需要从孩子身上学习，学会放慢脚步、放下焦虑，用更平和的心态去面对生活中的挑战。

（肖华军）

## 雷锋是我，我是雷锋

　　在 3 月 5 日 "学雷锋纪念日"，孩子们进行了 "学雷锋精神，做追 '锋' 少年" 的主题活动。自此班级中刮起了一场争做 "雷小锋" 的风潮。

　　一早，我在门口接待，笑笑（化名）像往常一样，早早来到幼儿园。我们互问早安后，笑笑就回班了。

没过五分钟，笑笑从大厅折返回来对我说："老师，我想过一会儿再进教室。"

"为什么啊？"

笑笑有点胆怯地说："我想给弟弟、妹妹掀门帘。"

我抬头望去，因为今天风大，学校特意挂上了挡风帘。

"真是个有爱心的孩子，去试试吧！"

笑笑高兴地说："谢谢李老师。"说完，她就一溜烟地跑到门厅处开始尝试掀门帘。

门帘有点重，起初笑笑想将四片门帘全部掀到一侧，但由于力气不足，门帘总会滑落一两片，很容易打到小朋友。笑笑再次尝试将三片门帘一起掀到右侧，这次感觉轻松一点，但门帘还是滑落了。后来，笑笑又将两片门帘塞到身后，用身体的力量支撑住它们，另一只手揪着另一片门帘，终于给弟弟、妹妹留出了一条通道。

孩子们陆续进入大厅，对笑笑说："谢谢姐姐！"笑笑很响亮地回应："不用谢。"

今天的晨谈活动中，笑笑和小伙伴分享了自己掀门帘的事，大家不约而同地为笑笑竖起了大拇指。

第二天，笑笑和洋洋（化名）在幼儿园门口相遇，两人来到门厅，分别将两片门帘塞在身后，为早间入园的弟弟、妹妹掀门帘。

接下来的每一天，大厅门口都会有大四班的"雷小锋"在掀门帘。导致原本通畅的门口有些堵塞。

今天，笑笑来园后并没有去掀门帘，而是直接进班在活动区描描画画，还和几位经常学雷锋掀门帘的小伙伴叽叽喳喳说个不停。

笑笑说："大家都去掀门帘，门口都堵塞了，弟弟、妹妹进大厅不方便，我们轮流掀，早晨谁来得早谁就去掀门帘，一天两个人就够了。"

接下来的几天，大厅门口通畅了许多。更让人感动的是，笑笑还做了一个掀门帘的"值日表"。

"掀门帘"在成年人眼中可以说是举手之劳，可对笑笑来说，这是一件可以称之为"荣耀"的事。一个念头的产生，一次简短的分享，引发了一系列的故事。每个孩子都在参与的过程中收获了成长，无论它来自技能、心智还是情感，这让我们为之动容。

（李玲）

## 评析

整个活动——探究意识的萌发、合作意识的提升、受众群体的递增、帮扶方式的轮值，皆出自幼儿的自主规划。我们相信幼儿是有能力的学习者，也见证他们运用已有经验去解决生活中遇到的问题和其中所表现出的难能可贵的学习品质。例如，掀门帘的方法、发现门口堵塞后的优化、值日表的诞生，无一不是孩子们深度学习的体现。而教师的信任、接纳、尊重是助推活动深入的最有力的支撑。

（肖华军）

# 离开幼儿园，我不再害怕

随着毕业季的临近，离别的情绪也在孩子们心中悄悄蔓延。有一天，小轩（化名）在午睡后突然拉住我的手，小声问："张老师，我马上要上小学了，是不是再也见不到你了？"

我蹲下来，轻轻握住他的手："怎么会呢？幼儿园永远是你们的家，老师也一直在这里等你们回来。"

小轩的眼睛亮了起来，开心地说："那我以后还能来找你玩吗？"

我笑着点头："当然可以！老师随时欢迎你。"

乐乐（化名）在画画时突然停下笔，皱着眉头问我："张老师，小学的老师会像你这样温柔吗？我有点害怕。"

我轻轻摸了摸他的头，说："是的，小学的老师也会像张老师一样爱你们。而且，你们长大后就会变得更勇敢了，对不对？"

乐乐想了想，点点头："嗯，我会更勇敢的！"

离园前的最后几天，孩子们的情绪变得更加复杂。有的孩子开始频繁地问我："张老师，你会想我们吗？"有的孩子则默默拉着我的手，久久不愿松开。我明白，这是他们对幼儿园的不舍，也是对未来的小小担忧。于是，我组织了一次特别的班会，和孩子们一起回忆他们在幼儿园的点点滴滴，也和他们一起畅想未来的小学生活。

"张老师，小学的教室是什么样子的？"小妍（化名）好奇地问。

"小学的教室比幼儿园大一些，每个人都有自己的课桌，还有很多新朋友等着你们认识呢！"我笑着回答。

"那我们会交到新朋友吗？"小高（化名）有些担心地问。

"当然会！你们这么可爱，一定会交到很多好朋友。"我鼓励道。

"可是，我还是会想你的，张老师。"齐齐（化名）小声说。

我轻轻抱住他："老师也会想你们。不过，你们可以随时回来看我，或者给我写信，告诉我你们在小学的趣事，好不好？"

孩子们纷纷点头，脸上露出了笑容。

又到了小朋友们离园的时刻，大家像往常一样，在班级门口有序地整理衣服、排队。就在这时，前排小朋友们的聊天声飘进了我的耳中。

小琪（化名）的眼中闪烁着骄傲的光芒，兴奋地说道："我的哥哥已经上大学了，他可厉害了！"语气里满是对哥哥的崇拜。

小杭（化名）不甘示弱，立刻接着说："我的姐姐也上大学啦，她都 18 岁了！"两个孩子的话语，如同打开了一扇通往憧憬未来的门。

小琪忽闪着大眼睛，灵机一动，提议道："要不我们做个约定吧！等我们 18 岁时，再回来看张老师，好不好呀？"那神情满是期待。

小杭听见了也连忙点头，兴奋地回应："好啊好啊！到时候我们回来看张老师！"

小琪转过身，带着一丝紧张与期待，问我："张老师，我们 18 岁时，您还在这里吗？"

我微笑着，轻轻点头："我会在这里的！"

刹那间，她们的脸上绽开了灿烂的笑容，稚嫩的声音里满是坚定："我们一定回来看您！"

毕业典礼那天，孩子们一个个和我拥抱告别。小琪和小杭再次提起她们的约定："张老师，等我们 18 岁时，一定会回来看您！"我笑着点头："好，老师等你们。"

这一句简单的约定，一声纯真的承诺，承载了孩子们十年的时光。这份温暖与感动，或许就是老师所能体会到的最纯粹的幸福感！愿我的孩子们，能如振翅高飞的雏鸟，无畏前行。在未来的人生道路上，繁花簇拥，一路芬芳。

（张春晓）

## 评析

教师通过微笑与"我会在这里的"的肯定回应让孩子们感受到被重视。这种情感的联结不仅让孩子们对离别有了更积极的解读，也让他们在成长的过程中多了一份温暖的牵挂。"爱人者，人恒爱之"，教师以爱育爱，让孩子们在温暖中学会感恩与回馈。

教师的爱与智慧，不仅让孩子们感受到被理解与被支持，也为他们的成长提供了坚实的情感基础。"致中和，天地位焉，万物育焉"，教师以平和的心态与温暖的行动，帮助孩子们在和谐的氛围中茁壮成长。

（宋亚男）

# 第五篇

# 正面语言
## 让每句话都成为滋养心灵的微光

正面语言宛如春日暖阳，温柔地洒在孩子们的心田，滋养着他们的心灵，让自信、乐观与勇敢的种子在他们的心中茁壮成长。一句真诚的赞美，一个肯定的眼神，都能在孩子们心中积攒积极的能量，让他们相信自己拥有无限可能，可以勇敢去探索世界、迎接挑战。

幼儿教师要时刻审视自己：能否公平地对待每个孩子，不偏袒、不歧视，让每个孩子都能从教师的语言中感受到平等的尊重与关爱；能否在面对孩子的各种行为时，始终保持平静的心态，用理智和耐心去引导，而非被情绪左右，冲动地说出伤人的话语；是否拥有宽广的胸怀，接纳所有孩子独特的个性，无论他们是开朗活泼还是内敛羞涩，都能在教师的关爱下茁壮成长。

正面语言，是教师给予孩子最珍贵的礼物。它是黑暗中的明灯，是困境中的鼓励，是迷茫时的向导。希望教师可以用真诚的赞美、温暖的肯定和积极的鼓励，为孩子营造一个充满阳光和正能量的语言环境，让他们在关爱与支持下，身心健康地发展，勇敢地追逐梦想，成为最好的自己。

# 温暖一个心灵，从一句话开始

　　教育家苏霍姆林斯基有这样一段名言："在拟定教育性谈话的内容时，你时刻也不能忘记，你施加影响的主要手段是语言，你是通过语言去打动学生的理智与心灵的，然而，语言可以是强有力的、锐利的、火热的，也可以是软弱无力的。"

　　在幼儿园的一日生活中，老师与孩子的对话频率非常高，一位老师需要面对很多孩子，老师有时可能不记得对某个孩子说了什么话，可是孩子却会非常认真地倾听来自老师的语言。对于同一件事，不同的语言会产生不同的沟通效果，甚至还会对孩子的成长产生至关重要的影响。

　　我们一起来看下面三个案例。

　　案例一：当孩子把画有乱七八糟线条的一幅画送到老师面前时，老师说："一幅好画让你画乱了。"

　　案例二：一位孩子把自己的画送到老师面前，老师看了以后说："你画得真好，老师小时候画得不如你好。"

　　案例三：老师看到孩子的绘画作品似乎与主题无关，便问孩子："你画的是什么？可不可以跟我讲讲？"

　　针对上面三个案例，在开教研会时，老师们是这样讨论的。

　　针对案例一的讨论：我们经常习惯把自己认同的事情当作标准，要求孩子也按照这个标准来成长，然而，孩子的想法我们真的了解吗？我也遇到过这样的孩子，他们的想法非常有趣，有的孩子说"下雨了"，有的孩子说"我给小白兔家安装了铁栏杆，大灰狼进不来了"。

针对案例二的讨论：孩子都很崇拜老师，老师的肯定对孩子积极性的产生有着莫大的鼓励效果。当孩子对自己的行为充满自信、喜悦时，老师可以说：你比老师（或其他成年人）小时候画得好多了；当孩子对自己的行为表现出焦虑、担心时，老师可以说：老师（或其他成年人）小时候也经常这样，不要紧。把成年人的世界和想法真实地呈现在孩子面前，能让孩子在一定程度上放下焦虑和担心。

针对案例三的讨论：孩子的画会说话，我们应鼓励孩子勇敢地表达，这样我们就可以更好地了解孩子了。

我们经常说要做孩子的支持者、合作者和引导者，但在实际教育的过程中，细节问题非常值得我们反思，例如，老师的行为和语言是否体现了公平性？老师是否能用平静的心态来面对孩子的行为？老师是否有接纳所有孩子个性的胸怀？

在物质丰富的今天，我们给孩子提供了许多玩具，希望给他们带来快乐；我们不断研究教学，希望给他们带来优质的课程内容；我们研究营养膳食，希望给他们带来健康的体魄。但有一点请一定记住，如果我们希望孩子的身心能够健康成长，就要重视我们说的每一句话，这些话无论长短，都会给孩子带来影响，因为语言本身是有能量的，不管正面的还是负面的语言，重复多了，就会在孩子的思想上留下烙印，甚至改变他们原来的思想。孩子一旦形成了一种思想，就会按照这种思维定式去做事，这对孩子的一生都会产生深远的影响。

（肖华军）

## 评析

　　李中莹老师在《亲子关系全面技巧》中谈道：家长与孩子有相同的需要。我想，这个观点也可以用在老师和孩子身上。

　　老师希望得到别人的尊重，孩子也一样；老师希望得到公平对待，孩子也一样；老师希望别人对自己和蔼、友善，孩子也一样；老师希望自己做得好时有人赞赏，孩子也一样；老师希望自己做得不好时，有人谅解和鼓励，孩子也一样；当感到悲痛、烦躁、颓废时，老师希望有人给予自己支持、安慰，孩子也一样。

　　当一个人的能量状态很高时，无论做什么事都会感觉自己有无穷的力量，孩子也是这样的，当孩子处于高能量状态时，他的智慧、潜能是无限的，反之，当孩子处于低能量状态时，他内在的"小宇宙"就会被压抑，所以，老师要善用语言，切实提高孩子的能量状态。

（肖华军）

## 你可以的

　　户外活动回来后，孩子们脱下衣服习惯性地递给老师，请老师帮忙叠衣服。豆豆（化名）却拿下衣帽筐，从老师身边离开了。我忽然想到，豆豆好像从来没有请老师帮忙叠过衣服。她是怎么做到的呢？我轻轻地走到豆豆身后，开始悄悄地观察她。

　　豆豆哼着歌，把衣服平铺到桌子上。如果她发现一个袖子翻进去了，就马上用小手掏出来。她先把扣子从下往上扣好，把两只袖子叠在一起，再把衣服对折，整整齐齐地放在衣帽筐里。向后一转头，豆豆发现了站在她身后的我，很开心地举着自己的"作品"给我看："老师，你看，这是我自己叠的衣服。"我在心里感叹，豆豆年龄这么小，没想到她居然可以自己叠好衣服。

于是，我开始引导其他孩子也尝试自己叠衣服。刚开始，孩子们还是像以前一样往我的手里递衣服："老师，我不会……""老师，我叠不好……"我轻声反问道："真的不会吗？你试过了吗？去试试看吧，你可以的。"孩子们不作声了，开始学着我的样子去挑战这项新的工作。

"找洞洞，找洞洞，抱一抱，弯弯腰……"可可（化名）很开心地举着叠好的衣服向我炫耀着："老师，你看我叠好了，哈哈哈……"可可的笑声让旁边没叠好衣服的凡凡也着急起来；轩轩（化名）叠好了自己的衣服，见弟弟没叠好，又赶紧去帮弟弟了，其他的孩子见状也都纷纷去帮忙……孩子们按照我之前示范过的步骤一步一步地忙碌着。很快，他们都相继自己叠好了衣服。

看着孩子们一张张满是成就感的笑脸，我感动极了！

（宋亚男）

**评析**

其实孩子们是具备很多能力的，只是成年人有时不够信任他们，用自己所谓的爱剥夺了孩子们享受成就感的机会。只要老师和家长肯放手，温柔地坚持，大胆地让孩子去尝试，他们一定会带给我们一次又一次的惊喜。

（李春雨）

# 我错怪了你

　　小东（化名）是个精力充沛的小男孩，早晨一到幼儿园，他那具有号召力的响亮的嗓音就充满了整个教室。

　　"伟伟（化名），我们一起玩吧！"伟伟马上高兴地来到启东身边，两个人边聊边玩起来。

　　一眨眼的工夫，伟伟哇地哭了起来。

　　我循声望去，看见小东正满面歉意地帮伟伟擦眼泪，嘴里还一个劲儿地说："别哭了，别哭了！"

　　我一看，马上就怀疑是不是小东又打伟伟了。因为小东平时就很调皮，有时会和小朋友打架。

　　于是，我走过去对他说："小东，你是不是打伟伟了？"

　　"没有，我没打他！"小东说。

　　我又说："你是不是在撒谎？你如果没打人，伟伟为什么哭呢？"

　　小东马上大哭起来："我没撒谎！我就是没打他。"

　　我一看两个人都哭了，立刻觉察到自己刚才的言行太武断了，于是赶紧道歉："对不起，可能是老师错怪你了，那你们能告诉老师是怎么回事吗？"

　　伟伟抹抹眼泪抬起头说："是我自己不小心碰到玩具上的，碰得我胳膊很疼！"

　　原来真是我错怪小东了。我马上向小东道歉："对不起，小东，老师错怪你了！没有搞清楚原因就批评你，你能原谅我吗？"

　　小东抹抹眼泪笑眯眯地说："没关系，我不生气了。"说完，他又和伟伟一起去玩了，两个人拼了一艘大轮船。

　　瞧！多可爱的孩子，我之前为什么没看到他热情、主动、大度的优点呢？他一进门就主动找小伙伴玩，并且两人合作拼插大轮船，玩得正开心时伟伟不小心碰了自己，这些都是我没注意到的。我只听到了他大声讲话，看到他走路风风火火的样子。但这些缺点比起他的许多优点来说又算什么呢？就像一张大白纸上有一个小黑点，与其盯着那个黑点，我们还是多关注那张大白纸上的美丽图案吧！

（杜慧玲）

## 评析

　　有人做过这样的测试：拿着一张画有一个小黑点的大白纸，问被试看到了什么，被试大多会回答自己看到了一个小黑点，却忽略了这张大白纸。

　　倾听孩子、及时觉察和反思能帮助老师发现大白纸上的精彩。老师要多听一听孩子的讲述，相信孩子身上本没有缺点，有的只是个性和特点，尊重其个性，发展其特点，相信每个孩子都会成为独一无二的个体！

（王升语）

# 肯定的魅力

今天领到教案本了，我迫不及待地打开想看看领导的批阅，一行长长的红字映入我的眼帘，带着心中的激动和期盼，我从头细细地看：备课认真，观察细致，反思到位，值得大家学习。

我的嘴角微微上扬，喜悦情不自禁地涌上心头。我的心中充满了希望和力量，每次拿到教案本，看到上面的"备课认真"，我就想：我要认真写，要做得更好！虽然只是寥寥数语，但是它蕴藏着无穷的魅力。我想：孩子们在得到肯定之后，也跟我现在的心情一样吧——既有着对认真做好这件事的信念，还充满着对未来的期待。

有一天，老师给孩子们讲"愉快的一天"的故事，讲完故事后，我问孩子们："小兔子见到爷爷、奶奶是怎么说的？"

这个问题与孩子们的生活经验息息相关，孩子们回答得很流畅："爷爷、奶奶，你们好！"

然后我又问："他们是怎样采蘑菇的？"这次没有孩子回答。

"兔弟弟帮助奶奶拿篮子，兔妹妹拉着奶奶的手慢慢地向森林走去。"小颂（化名）头也不抬地说。

片刻的惊愕驻留在我的脸上。我喊他的名字，他没有抬头，我又喊了一遍，他才慢慢抬起头，嘴巴微张。当我们四目相对时，我说："你听得真认真，说得真完整，太棒了！小朋友快给他鼓鼓掌。"

掌声过后，我看到小颂的嘴角微微上扬了一下，但是内向的他脸上还是挂着平淡的表情。

第二天一早，我告诉小颂的妈妈孩子昨天的表现，她兴奋地合不拢嘴，像第一次惊奇地发现新大陆一样。在此之后，小颂在教育活动中明显积极了许多，他会抬头看看老师，仿佛想要说些什么。于是我趁热打铁，总是点到他的名字，也总是在他面前露出赞扬的表情。

户外活动扔沙包时，当孩子们争先恐后地比赛谁扔得最高时，我发现小颂扔得很高，但是他是自己在角落里扔的，我远远地喊："小颂扔的沙包是最高的。"这一次，小颂的脸上挂起了满满的笑容，使劲地把沙包向上抛。

当我向小颂的妈妈提及此事时，她兴高采烈地说："昨天晚上他回家告诉我了，说得神采飞扬，还说老师夸他扔的沙包是最高的。"由于小颂的主动，我感受到了他的快乐，他的妈妈也感觉到了小颂的快乐。我们终于知道，小颂也会让笑容荡漾在脸上，也会喋喋不休，也会得意忘形。

老师的肯定给孩子带来了快乐的记忆，使这个有点内向的孩子主动地表达自己的情绪，老师和家长都被这种快乐的涟漪一点点地感染，孩子也在老师的肯定中一点点地成长。

（宋艳玲）

## 评析

正面、积极、肯定的语言，无论是对大人还是对孩子，都有无限的鼓舞力量。

老师可以从别人对自己的态度中感受到对方传递的能量，同样，孩子也能从老师的态度中感受到这种能量。

有时候，爱就是说出真相，用正面、积极的语言肯定孩子。老师说的话可以让孩子感受到关注和肯定，这就能传递给孩子勇气和信念，哪怕孩子做得不太好，适时的关注和肯定也能激励孩子，让他们自发地愿意做好。

所以，不管怎么样，请教师用正面、积极的语言，给孩子更多的肯定吧！让肯定的魅力在孩子的身上得到更好的彰显。

（宋艳玲）

## 表扬的潜台词

有时，人们听到"加油"二字，仿佛就有了能量；有时，人们看到一段文字，情绪就一下陷入了低谷；有时，人们看到几行短句，纠结的内心就变得明朗；有时，人们想起某句名言，颓废的思想就有了斗志。这是为什么呢？这说明，语言是有能量的。

幼儿园的一日生活离不开老师语言的媒介，老师的许多语言往往都是固定思维模式下的无意识语言。家长经常对老师说："老师，请多表扬我们家孩子。""老师，这个孩子就喜欢听表扬。"表扬被认为是一种可以鼓励孩子成长，且非常有用的方式。但在日常教学中，表扬真的可以起到这个作用吗？

贝贝（化名）在集体教育活动中容易注意力分散，他对今天的活动很有兴趣，专注地参与活动，还勇于表达自己的想法，老师看到这些后非常高兴，对全体幼儿这样表扬道："今天，连贝贝都有了很大的进步。"

让我们用心感受一下上面的这句话。初听起来像是在表扬孩子，但潜台词呢？在老师的心中，贝贝的形象已经被固化为一个不专注的孩子，老师的表扬也在向其他孩子传达一个信息：贝贝不太可能有进步。

基于这种情况，我在教研时组织老师进行了讨论——"如果我是贝贝"。老师们两人一组，分别扮演活动中的老师和贝贝，然后交换角色，体验自己在听到这句话时有什么感受。

在讨论的过程中，老师们表达了自己的感受：

"这样说伤害了孩子的自尊心。"

"要真正地尊重幼儿、发现幼儿的特点，不能把幼儿局限于自己印象中的某个样子。"

"有时我也会说这样的话，自己说时没觉得什么，但当听众时才发觉这句话有多刺耳。"

"老师对孩子的观察，应该是多方面的，不一定只有积极回答问题的孩子才是好孩子，许多孩子不善于用语言表达，但老师可以在游戏及活动中观察孩子，就会看到每个孩子的独特性。"

以前我们总认为批评会伤害孩子，其实不只是批评，有时表扬也会变成伤人的"暗器"，例如，不切实际的表扬、空洞的表扬、明褒暗贬。因此，表扬孩子一定要有真情实感，及时、具体，哪怕是一个真诚的充满鼓励的眼神，也能让敏锐的孩子感受到其中的含义。

（**肖华军**）

## 评析

在了解话语的意义之前，孩子们就能接收有关感情的信息。

所以，孩子能够从老师的语言中感受到老师传递给他的是不是真诚的爱。

诚然，鼓励和赞美能让孩子感受到爱，但老师要谨慎地使用这些技巧。

太过频繁的赞美会让语言的可信度下降；表面性、应付性的赞美会让孩子认为这是虚伪的表现或者是谎言；随意的赞美容易让孩子习惯于这种模式，以为这是自然的事情，从而对赞美产生期待，一旦面临没有被赞美的情况，他们就以为自己出错了，并且会产生焦虑。

（肖华军）

## 把爱说出来

"老师，这几天我家孩子上幼儿园的积极性不太高。幼儿园里发生了什么事吗？"晚离园时，婷婷（化名）的妈妈对我说。

当时我的脑海里马上回想了最近几天关于婷婷的情景，确信没有发生什么不愉快的事情。于是我对婷婷的妈妈说："我再好好观察一下，和孩子沟通一下看看有什么问题，好吗？"婷婷的妈妈点点头，离开了。于是我开始思考：问题出在哪里呢？

第二天婷婷一来园，我便迫不及待地将孩子抱过来，和她聊了起来。

从她的发饰到衣着，从早餐到玩具，从她的爸爸、妈妈到姥姥、姥爷，我带着惊奇、赞叹的情绪与她聊着每一个能引起她兴趣的话题。婷婷似乎沉浸于这样的谈话中，兴致勃勃地跟我讲了很多。谈了一阵之后，我请婷婷去选区域进行活动，并时不时地说一句"老师真喜欢你，击个掌"，婷婷很开心。

第二天，婷婷的妈妈欣喜地告诉我："婷婷说要早早来幼儿园和老师玩，还说老师最喜欢她啦。"听完后，我虽释然了，却又陷入沉思——孩子是多么容易满足，一句"老师喜欢你"和一次寻常的谈话，就能滋润孩子的心灵。这些语言和行为看似简单却常被我们忽略，从而也阻碍了孩子对我们的依恋！

把爱说出来，从最简单的聊天开始。我想这将不仅是一次单纯的聊天，更是爱的沟通。当我们赋予孩子爱的同时，我们也将收获孩子更多纯真的爱！

（田伟）

## 评析

爱和爱的表达方式同样重要。如果老师爱孩子、喜欢孩子，孩子却感受不到，老师就要反思：我们少做了些什么？孩子喜欢什么样的交流方式？案例中的老师用了一个简单的方法——聊天。

当一个孩子敞开心扉和老师说话时，她的心门已经打开。同时，老师的关注、语言和行为都让孩子感受到了老师的爱。因此，有爱就要直接表达出来，这样孩子才能感受得到。

（王小丽）

# 听听自己说的话

在听完一场讲座后，我开始反思自己的语言，但我的脑海里空空的，竟不知道自己平时都说过什么。在组织孩子们洗手时，我请一名幼儿当值日生，帮忙检查孩子们的洗手情况。

"洋洋（化名），你怎么还没洗手啊，快点吧！"

"小谦（化名），提醒你一次了，请你赶快去洗手！"

"小辰（化名），你在干什么呢？怎么还不坐下！"

"小奥（化名），不能跑！"

听着这位小值日生的话，我猛然顿悟，她的词语、口气，俨然一个缩小版的"我"，像这种命令式的话，自己平时说得不少，在说的时候也没觉得有什么不妥，但当这些话从别人嘴里说出来再被自己听到时，感觉就完全不一样了。这些小值日生平日模仿的都是老师的言行举止，活脱脱一个"小老师"。此刻，自己当了一回"孩子"，才体会到孩子的感受，平日里孩子听到这些话时也一定觉得不舒服。

我完全可以改变一下自己的说法：

"洋洋，专心洗手啊！"

"小谦，仔细打肥皂。"

"小辰，有什么需要解决的事情吗？"

"小奥，慢慢走！"

我平时还会说一些批评性的语言，例如："哎哟，这是谁的声音，怎么这么大啊！不能小点声嘛！"可以改为："请你轻声讲话，这样不会打扰到其他小朋友！"

我偶尔还会蹦出一两句负面的话："谁没看着我，我来找找……"

可以改为："我看到了××小朋友很认真地看着老师。"

比起拐弯抹角的、带批评意味的语言，我们应该使用正面的语言，多肯定、多鼓励，让孩子更容易理解教师的语言，这样才能更好地促进每个活动的开展。

俗话说"人看不见自己脖子后面的灰"，有时我们只有多换位思考、换位听，才能反思自己的语言是否有价值以及是否能传递正能量。作为一名幼儿教师，我更应该为人师表，谨言慎行，以身作则，真正发挥语言的正能量！

（王冬梅）

## 评析

许多老师在表达的过程中，往往是说而不觉，听而不察。

王老师在遇到困惑时，能通过与孩子互动的场景，智慧地从孩子的语言中觉察到自己表达方式中的不妥之处，这种对自己的觉察是非常可贵的。

"当这些话从别人嘴里说出来再被自己听到时，感觉就完全不一样了……自己当了一回'孩子'，才体会到孩子的感受。"这是老师有深切感受的心里话。

老师用心地倾听孩子的表达，回应他们的感受，试着用语言说出孩子的感觉，这既是接纳孩子情绪的过程，也是让孩子学习如何表达自己情绪的机会。同时，在建立规则方面，老师也需要清晰地表达，让孩子明确知道如何做。

老师作为听众来觉察是一个好方法，同时也可以尝试和孩子进行角色互换表演，并把自己的语言用影音、文字记录下来，这会让老师对自己有更多的发现。

（肖华军）

## 爱，需要表达

### 案例一："你还没问我疼不疼呢！"

晚餐后，我正忙着给孩子们洗脸、穿衣服，小芮（化名）跑过来对我说："徐妈妈，昊昊（化名）踩我脚了。"

由于我正忙着，便随口问了一句："他跟你说对不起了吗？"

小芮说："说了。"

我说："说了就行了，没事，你回到座位上去吧！"于是，我又忙着干活了。

等我忙完了，发现小芮还坐在椅子上，无精打采，一脸不高兴。

我走到她面前轻声问道："你怎么了？"她没理我。

于是，我又问她："宝贝，你是不是因为小朋友踩到你的脚生气啦？他不是和你道歉了吗？"

小芮抬起头眼泪汪汪地说："徐妈妈还没给我吹吹呢，还没问我疼不疼呢！"

我恍然大悟，原来宝贝是因为我对这件事轻描淡写的处理而伤心，于是我连忙给她吹了吹，又问："还疼吗？"

宝贝这时才笑眯眯地说："不疼了！"说完就又蹦又跳地玩玩具

去了。

案例二："妈妈，你批评我一顿吧！"

有一次，我的儿子突然对我说："妈妈，你批评我一顿吧！"听了儿子的话，我深思了许久。

儿子为什么这么说？难道他喜欢被别人批评吗？

我回头问儿子："你为什么要让妈妈批评你呢？你希望我批评你吗？"

儿子点点头，对我说："我希望，你看着我，批评我吧，我喜欢你看着我，妈妈。"

（刘萍）

## 评析

一句"徐妈妈还没给我吹吹呢，还没问我疼不疼呢！"让我们看到了孩子内心的需求。受伤之后，被老师关心和安抚能让孩子感受到被爱，从而获得内心的满足。

一句"妈妈，你批评我一顿吧！"让我们认识到，孩子非常需要父母的关注。事实上，很多孩子的捣蛋行为，就是为了得到父母的更多关注。"妈妈，你批评我一顿吧！"背后的用意是，孩子希望妈妈用眼睛看着自己，因为对孩子来说，被注视也是一种有力的沟通方式，能将父母心中的爱传到自己的心中。

多和孩子进行身体接触，多说关爱的话语，多陪伴孩子，多一些眼神交流，会让孩子感受到你对他的爱。

（于桂芬）

## 画贺卡

有一次，可可（化名）把涂得有些脏的贺卡拿给我看："老师，你看我把这张贺卡弄成这样啦！"

"哦……它是怎么变成这样的呢？"我问道。

"我先用蓝墨水画了一个心形，结果没有画好，于是我就想把心的周围也涂成蓝色，可还是没有画好，于是我就想把它全部涂成蓝色，结果颜色太深了，于是我就用水擦了擦，就成这样了！"可可拿着边缘颜色深、中间颜色浅的贺卡给我看，一副很沮丧的样子。

"可是老师却发现，你为了画好，一直在想办法，一直在努力！我认为，这远比画一幅好看的画更有价值！"我笑着说。

可可听了之后，脸上也开始露出了笑容。

"要不，你把心形涂成另一种蓝色，好不好？"我建议。

最后她把这张贺卡画好送给了我。

（于桂芬）

### 评析

同样的一件事，会因为定义的不同而带来不同的感受。可可的定义是："我好失败啊！"这种定义会使人感到沮丧，这种感觉带来的行为就是放弃；而老师的定义是："在困难面前你一直在想办法，这种品质远比画好一幅画更有价值！"这样的定义让可可产生了喜悦的情绪，带来的行为是把卡片用心画完。

　　不同的定义，会给人带来不同的感受，不同的感受又会产生截然不同的结果。

（于桂芬）

## 看到孩子的闪光点

　　蒙氏工作时，小朋友都在专心地工作。

　　这时，小霄（化名）端着小托盘一蹦一跳地过来了，只听"砰"的一声，工作材料散落了一地。我发现小霄主动把工作材料捡了起来，并且满脸的不好意思。

　　这一幕让我想起了以前看过的一个案例。有个小女孩吃了一口水果，感觉味道不好，就直接吐到了地上，她的妈妈很生气，质问孩子："是不是你把地板弄脏了？"孩子大声说："是我！"妈妈生气地对爸爸说："看，犯错了还理直气壮！"爸爸却说："至少孩子敢于承认错误，我们应该对她宽容一些。"妈妈仔细一想，觉得爸爸说的话很有道理，对孩子说："宝贝，你敢于承认错误，是个好孩子，但是东西不好吃，可以吐到垃圾桶里，不能吐到地上，好吗？"孩子高兴地说："好的，妈妈。"

　　想起这一幕，我微笑着对小霄说："小霄，你能主动收拾好工作材料，是个负责任的孩子。想想下次怎样做才能拿得更稳，好吗？"

　　"端好了，一步一步地走。"小霄不假思索地说。

　　"嗯，我相信你会做到的。"孩子听到我的话后平静下来。继续开心地工作去了。我想这种处理方式比批评更有用，孩子会更加积极地面对自己所犯的错误，既没有抵触心理，又学会了解决办法。

无论是成年人还是孩子，都希望得到别人的肯定。即使孩子做错了事，我们也应从中看到孩子的闪光点，多给予鼓励和肯定。幼儿的身心发展规律决定了他们会经常犯错。我们不要一味地批评教育，而应该先发现其行为的闪光点，对这些闪光点进行肯定，在此基础上，再对孩子进行正确的引导，让孩子明白以后应该怎样做。这样一来，孩子就会更乐观、更积极，并且善于接受别人的批评。

（贾明明）

## 评析

当孩子犯错时，老师能从孩子的错误中看到闪光点，肯定孩子做得好的部分；对于错误，老师也没有直接批评和否定，而是用正面的语言去引导，让孩子知道以后该如何做。

错误已经造成了，一味地追究原因毫无意义，孩子更需要知道怎样做能够避免错误的再次发生，这样孩子才能不断成长，所以老师的引导语是："下次怎样做才能拿得更稳？"当孩子听到这样的问题时，会把注意力放在下次怎样做上，此时在孩子的脑海里呈现的就会是正确做法的画面了。

（王小丽）

# 拼出成长

蒙台梭利说过："儿童是发育着的机体和发展着的心灵，儿童发展的时期是人的一生中最重要的时期。"大班的孩子正处在思维快速发展、情绪逐渐丰富的阶段，他们的每个想法、每种情绪都值得被认真对待。

晨晨（化名）是个自尊心很强的孩子，平时在幼儿园里，他总说："我什么都能做好，我才不会失败呢！"

在幼儿园举办的拼图比赛中，小朋友们被要求在规定时间内完成一幅较复杂的拼图。比赛一开始，晨晨就迅速拿起拼图块，自信满满地拼起来。可随着时间的推移，他发现有些拼图块的位置怎么都对不上，急得额头上冒出了汗珠。其他小朋友都陆续完成了拼图，开始展示自己的成果。晨晨看着自己还未完成的拼图，脸上露出了沮丧的神情，但他还是坚持说："我马上就拼好了，我才没输呢！"

比赛结束后，晨晨一个人坐在角落里，不说话，也不参与其他活动。我注意到了他的异常，走过去坐在他身边，轻声说："晨晨，老师知道你很想把拼图拼好，刚刚没完成你心里肯定不好受，对吗？"

晨晨低着头，小声说："我本来觉得很简单，可就是没拼完，我是不是很笨？"

我摸了摸他的头说："当然不是啦！这次没拼完不代表你不行，拼图比赛有难度，没完成很正常。每个人都会遇到失败的时候，重要的是从失败里学到经验，下次就能做得更好。你看，这次没拼完，我们就能知道哪些地方还需要加油，下次比赛你肯定能拼得又快又好。"

晨晨听了我的话，抬起头，眼神中多了一丝释然。他小声问："老师，那我下次还能参加拼图比赛吗？"

我笑着点点头："当然可以！老师相信你一定会比这次做得更好。而且，我们可以一起练习，找到拼拼图的技巧，这样在下次比赛时，你就能更有信心了。"

晨晨的脸上终于露出了笑容，他点点头，说："好！我要多练习，下次一定会拼得又快又好！"

在接下来的几天里，晨晨开始主动练习拼图。他每天都会抽出一段时间，专注地研究拼图的规律。我注意到，他不再像之前那样急于求成，而是学会了仔细观察每一块拼图的形状和颜色。每当他遇到困难时，我都会鼓励他："慢慢来，你已经做得很棒了！"渐渐地，晨晨的拼图速度越来越快，他也开始享受这个过程，而不再仅关注结果。

（曹枫杰）

## 评析

晨晨的故事不仅是一个关于拼图比赛的事件，更是一次关于自尊心、抗挫折能力与教育智慧的深刻实践。教师的介入成为晨晨情绪转变的关键。她没有简单地安慰晨晨"没关系"，而是通过共情和引导，帮助他认识到失败是正常的，并且可以从中学到经验。教师的做法不仅让晨晨感受到了被理解，也为他提供了一个新的视角——失败不是终点，而是成长的机会。教师的鼓励和支持，让晨晨重新燃起了信心，并主动投入练习中。

教师的爱与智慧，不仅让晨晨学会了如何面对挫折，也为他未来的成长提供了持续的动力。这种积极的教育方式不仅有助于改善孩子的短期行为，更能为他们的长期发展奠定良好的心理基础。

（李春雨）

## 令人困惑的"大巴车"

在充满欢声笑语的幼儿园里，每间教室都像是一座小花园，每个孩子都是一朵含苞待放的小花，散发着独属于童年的纯真气息。轩轩（化名）是这片花园中的一朵小花，只是他的绽放，似乎比其他花朵更加缓慢、含蓄。他的成长之路，像是一首轻柔的乐曲，需要老师用心去倾听，才能感受到其中的美妙。

轩轩是个安静又略带羞涩的小男孩。当别的小朋友流畅地表达自己的想法、分享有趣的故事时，轩轩只能说出一些模糊不清、让人摸不着头脑的词句。"××大巴车"，这是轩轩最近常挂在嘴边的话，可在孩子们听来，"大巴车"就像是轩轩说的搞笑词语，他每每说出来，都会引发大家的哄笑。这些笑声就像一层薄雾，笼罩在还未绽放的花骨朵上面。

起初，我对轩轩的这种表达方式并不理解。在一次集体活动中，轩轩又一次含糊地说出了那个让人困惑的词语——西瓜大巴车。我没有过多在意，想继续进行活动，但因为教室此起彼伏地出现"大巴车"和笑声，活动还是被打断了。那一刻，我意识到，轩轩的"大巴车"

或许并不是无意义的词汇，而是他内心世界的某种映射，只是我们还未找到解读的钥匙。

在轩轩那双清澈的眼睛里，我看到了隐藏着的对交流的渴望和对世界的好奇。我意识到，轩轩并不是不想表达，而是需要一种更适合他的表达方式。我决定，要成为一缕温暖的阳光，穿透那层薄雾，去照亮轩轩的内心世界。我希望通过耐心和关爱，帮助他找到属于自己的表达方式。

一天上午，我组织了一场手工活动，主题是"我的好朋友"。我注意到轩轩的眼神中闪过一丝兴奋，便鼓励他大胆创作。轩轩认真地用彩纸、剪刀和胶水，制作出了一个不太精致却充满心意的手工作品。当我邀请轩轩向大家介绍自己的作品时，轩轩羞涩地咬着嘴角，轻声地说："这是……我的……好朋友……"说到这里，他又不自觉地冒出了"大巴车"。教室里响起了一些笑声，轩轩抿着嘴角，也露出尴尬的笑容。

我立刻用温柔而坚定的目光制止了其他小朋友，然后对轩轩轻声说："轩轩已经在很努力地表达了，老师知道你想说的是对好朋友的喜欢，对不对？我们试着把'大巴车'换成'你真棒'，好不好？"

轩轩抬起头，看看我，点了点头。我大声地说一句，他也大声地跟着我说一句："这是好朋友，你真棒！"这一次，孩子们不再发出笑声，而是响起了热烈的掌声。

在老师们的悉心教导和小伙伴们的陪伴下，轩轩这朵小花在阳光雨露的滋润下，尽情地绽放着。

（王红侨）

## 评析

　　轩轩的语言表达能力较弱，在集体环境中常常因为表达不清而被同伴误解，教师的敏锐观察与科学引导，为轩轩的成长提供了关键的支持。

　　当轩轩再次说出"大巴车"时，教师没有忽视或批评，而是用温柔而坚定的方式引导他尝试更清晰的表达方式。这种引导不仅帮助轩轩克服了语言障碍，也让其他孩子学会了尊重与理解。

　　案例中的教师的语言始终充满了积极、正面的能量。她通过鼓励、引导和支持，帮助轩轩克服了语言障碍，找到了自信心与归属感。这种教育方式不仅体现了教师对孩子的尊重与理解，也展现了积极语言在幼儿教育中的巨大力量。

（宋亚男）

## 孩子犯错之后

事件一

　　推门进入一个班，我看到孩子们都在排队取餐，只有一个小朋友哭得很伤心，大滴的眼泪流了下来，我问他："为什么哭了？"

　　他说："我犯了一个小错误。"

　　听孩子这么说，我放心地对他说："哦，既然是小错误，改了就行。"

这时，李老师转过身说："他刚才搬椅子搬得不好，椅子背放在嘴边，很容易磕碰到嘴，我让他回去重新搬一遍。"

"哦，原来李老师是担心你那样搬椅子不安全。"我继续对孩子说。

这时，李老师快速走到孩子身边，拉着孩子走到椅子边说："你不会搬椅子，先坐下来，重新搬一次。"

那一刻，我感受到了孩子的紧张不安和巨大的抵触情绪。

我悄悄对李老师说："他已经哭了，说明他知道错了，你好好和他谈谈就行了。"

我转身对孩子说："李老师是担心你的安全，你知道应该怎样搬椅子了吗？"孩子点点头。

我继续说："如果知道了，下次一定要改正。现在可以吃饭了。"

听了我的话，他的情绪马上平复了，擦干眼泪开始排队取餐了。

### 事件二

一次我到一个班，看见孩子们都在安静地工作，只有子轩（化名）一个人坐在小椅子上，从表情上能够看出，他是被罚了。

我蹲下来问他："你为什么坐在这里？"他眨眨眼，看着我不说话。我继续引导说："如果你知道自己哪里做得不对，向老师承认错误，老师就可以让你继续工作了。"他看着我，依然不说话。

"那么你知道回去以后怎么做吗？"我换了一种说法，听了这句话，子轩朝我点点头。

"你跟我说说怎么做，好不好？"我的声音依然保持平静。

"好好做工作，爱护玩具，不和小朋友打闹。"子轩断断续续地说了出来。

这时，老师走了过来："你告诉园长，我为什么罚你坐在这里？说出来就可以回去。"听了老师的话，子轩的眼睛里流露出抗拒。

"子轩知道该怎么做了，说给老师听听，好吗？"我说。

子轩重复了上面的话，立刻露出如释重负的表情。老师顺势让孩子继续去工作了。

（赵子惠）

## 评析

　　这两个事件引起了我的一些思考：有时候，老师在处理孩子的问题时，总是把注意力放在"错误"上，一定要当下就看到孩子的改变，否则就觉得孩子记不住，总觉得用惩罚的方式，让孩子知道错在哪里，孩子才能改正错误。

　　当我们把注意力放在"错误"上，一遍一遍地强调那个"错误"时，深刻留在孩子心里的就是"错误"，而非正确的做法。面对"错误"和"惩罚"，孩子感受到的是痛苦，留在孩子内心深处的就是恐惧、不安及抗拒。

　　同时，在孩子吃饭前，因为这样一件小事，就让孩子哭一场，让孩子带着不好的情绪吃饭，对孩子的健康也是不利的。

　　老师要更多地理解孩子的感受，让孩子把注意力放在正确的做法上，以改善孩子的状态为目的，让孩子知道该怎样做。即使是惩罚，也要让孩子感受到老师的爱，这才是教育的目的。

（李春雨）

# 表扬的力量：从吃饭说起

清代教育家颜元说过："数子十过，不如奖子一长。"通过中班孩子们的进餐环节，我才真切领悟到这句话蕴含的巨大魅力。

每天吃饭时总有一个让我很头疼的问题，那就是孩子们一定会把米粒掉在地上，米粒被踩得很黏，很难处理。每天吃米饭时，我都会提醒孩子们这一点，可是尽管如此，一些孩子还是会经常把米粒弄得满地都是。

一天中午，我坐在浩浩（化名）旁边，像往常一样看着他吃饭，他的米粒掉到了地上，他便有意识地捡了起来，把它扔到不用的饭格里。我立刻表扬了他："浩浩小朋友现在吃饭很有进步，米粒掉在了地上，他也能赶紧捡起来，不让米粒黏在地上，非常好，这就是他今天进步的地方，老师表扬！"浩浩眨眨眼睛，很开心，也很意外，他似乎没想到老师会表扬他。

接下来，他吃起饭来更认真了，边吃边看着盘子外面有没有掉米粒。他的动作让我忍俊不禁，我的表扬居然让他如此认真，引起了他如此大的重视！直到吃饭结束，他都做得很棒。

这件事引起了我的反思：表扬的魅力居然如此之大，原来，每个孩子都有可能做得更好，关键在于是否有积极性。教师对幼儿坚持正面教育和引导，以表扬和鼓励为主，就是提升幼儿积极性最好的方法。

每个孩子都是一颗待发光的宝石，表扬和鼓励正是打磨这颗宝石的极佳工具。通过浩浩的例子，我们看到了表扬和鼓励在教育中的巨大作用。我们应该更多地关注孩子的优点，用正面教育引导他们成长。

（宋亚男）

## 评析

　　教育是一门艺术，教师需要用心去观察、理解和引导孩子。一句简单的表扬，可能成为孩子进步的动力；一次耐心的鼓励，可能改变孩子的行为习惯。每个孩子都有潜力做得更好，关键在于如何激发他们的积极性。表扬和鼓励是推动孩子进步的有效方式，能够让他们在轻松愉快的氛围中不断成长。教师不仅是知识的传授者，更是孩子成长的引导者。通过观察孩子的行为，及时给予肯定和鼓励，教师可以帮助孩子发现自己的优点，增强他们的自信心。

（夏凡）

# 第六篇

# 以身作则
## 在细微处栽下榜样的种子

在孩子的成长旅程中，父母与老师积极的言传身教宛如一盏明灯，照亮他们前行的道路；又似一座灯塔，为他们指引人生的方向；也如同一把标尺，衡量着孩子道德与行为的尺度。古人云："染于苍则苍，染于黄则黄。"孩子就像一张纯净的白纸，而父母与老师的言行举止，便是那支笔，它在纸上留下的痕迹将深刻地影响孩子的一生。

请珍视自己在孩子生命中的重要角色，用温暖的爱、耐心的陪伴和积极的言行，为孩子营造一个充满阳光、正能量的成长环境。让我们共同努力，成为孩子心中的榜样，引导他们走上正确的人生道路，让每个孩子都能在积极的言传身教的滋养下，茁壮成长为有担当、有爱心、诚实守信、遵守规则的人。因为，我们的每一分努力，都可能成就孩子美好的未来；我们的每一次示范，都可能在孩子的心中种下一颗善良、正直、美好的种子，它们将在未来的日子里生根发芽，绽放出绚丽的花朵。

# 爱打人的孩子

户外活动时，我看到老师拉着岳岳（化名）的手说着什么，岳岳看起来一副不服气的样子，我担心老师因此顾不上组织其他孩子活动，便走了过去。看到我之后，岳岳抬脚就踢了面前那个孩子一脚。

经了解，原来老师不知岳岳为什么打了一个小朋友，她马上阻止了岳岳，正在要求他向小朋友道歉。

我不想给岳岳贴上一个"打人"的标签，我认为应该先了解一下情况再做出决定。于是，我带着岳岳回到了办公室。

岳岳一边走一边说："我是奥特曼，我很厉害，我能打败所有人！"

我想：他是不是在和小朋友玩一个游戏，而不小心伤了人呢？

进了办公室，我问他："你在和小朋友玩游戏吗？如果是玩游戏，不要动手打人。"我希望给他一个正面的引导。

还没等我说完，他就朝我打来，我躲了一下，对他说："你打不过我，我的力气比你大。"

他说："我就是要打你！"说着就朝我扑来。

我见状，紧紧地握住他的手，说："你看，你打不过我吧！"

他不服气地使劲挣扎，他见怎么也无法挣脱，就不挣扎了，我说："今天就玩到这吧，以后再玩。"

我刚一松手，他又朝我打来，嘴里喊着："我是奥特曼！你不是我的对手。"

我意识到，继续以力量对抗是没有用的，而且还会给他树立用身体对抗解决问题的错误榜样。于是我任他打，不再与他对抗。同时真实地表达自己的感受，把自己的伤心、疼痛的感觉较夸张地表现出来。

我无比伤心地说："我那么爱你，可是你却打我，我又疼又伤心。"

他听了之后，冷漠地说："你们说的爱我都是假的，我不信。"接着又打了我一下。

我继续说："我真的很疼，也很伤心，你感觉不出来吗？"

他依然冷漠地说："我感觉不到。"

听了这话，我更难过了，不仅是因为他打我，还因为这个孩子内心情感的缺乏。然而，尽管他这样说，但打我的力度一次比一次弱，最后见我不还手，他也停下了手。

我想了解一下他究竟是怎样想的，于是问他："你看我像什么动物？"

"大熊猫！"岳岳脱口而出。

"那你爸爸、妈妈像什么动物？"

"妈妈像老虎，不对，爸爸总是打人，爸爸像老虎。"可以看出，他把动物的特点与人对应起来了。

我接着问："妈妈像什么？"

"妈妈总是揪我这里揪我那里的，不知道像什么。"岳岳像是在自言自语。

"像不像狮子？"我问道。

岳岳马上肯定地说："像！"

"那于老师像什么？"我想了解一下老师是如何对待他的，在他的心目中是怎样的。

"于老师总是说啊说，我不知道像什么动物。"岳岳很平静地说。

听了他的话，我放心了，这个评价至少证明老师是用正确的方式对待他的。

"那你自己像什么动物呢？"我继续问道。

"我是奥特曼、变形金刚、孙悟空！"岳岳一边说着一边做出了奥特曼的动作。

"哦，那你像什么小动物呢？"我引导他。

"我不是小动物，我很厉害，谁也打不过我！"岳岳一边说一边比画起来。

我明白了，他在通过想象感受自己的力量。

"那你喜欢大熊猫吗？你觉得我像大熊猫吗？"我想确定我在他心中的形象。

"喜欢。"岳岳笑着说。听了他的话，我很感动。

"爸爸、妈妈是怎么打你的？"我知道我的问题有些残酷。

没想到岳岳毫不在乎，一边做着动作一边说："爸爸这样踢，妈妈就是揪啊揪。"

我决定和他的父母好好谈谈。"如果我和你的爸爸说，让他有事好好和你说，你的爸爸会听我的吗？"我试着问岳岳。

"他会听的。"岳岳很肯定。

"为什么呢？"我问道。

"因为你说话好听。"看来我得到了岳岳的认可。

在聊天中，岳岳的情绪逐渐平复了下来，最后我问他："爸爸、妈妈打你，你还爱他们吗？"

"爱！"孩子毫不犹豫地回答。

他的回答让我很感动。我继续对他说："我和其他老师都爱你，有什么事你可以好好和我们说，好吗？"他愉快地答应了。

第二天，当遇到他的妈妈时，我把孩子的情况告诉了她，并教她正确对待孩子的方法。岳岳的妈妈很感动，表示以后会耐心地对待孩子。

从此以后，岳岳每次看到我，都会过来抱抱我，我能感受到他对我发自内心的爱和依恋。

在老师和家长的共同努力下，他的情绪也逐渐稳定了。

（赵子惠）

## 评析

孩子是看大人怎样做而不是听大人怎样说。岳岳的父母打他，他就打别的孩子。文中的老师意识到了这一点，没有用武力来制止武力，而是以柔克刚，真实表达自己的感受，引发孩子的内心情感，证明了"爱只能用爱来唤醒"。

老师在聊天中引导孩子用动物代表他身边的人，进而更容易地走进孩子的内心世界，了解孩子周围的成年人对待他的方式。

问题孩子背后往往有问题家长，面对打人的岳岳，老师敏锐地意识到了这一点，并及时与家长进行沟通，达到了比较理想的教育效果。

（王小丽）

## 做给孩子看

"来，大老虎吃一口。"我拿着一块蛋糕请小宇（化名）吃。

"啊呜！"小宇果真像大老虎一样使劲咬了一口，不幸的是，他也咬到了我的手指。

"哎呀！"我忍不住叫了一声。

"怎么了老师？"坐在旁边的琳琳（化名）连忙关切地问道。

"我给你吹吹。"小青（化名）边说边把我的手拉到他的嘴边。

"老师，我家里有创可贴，拿来给你用吧！"

听着孩子们关切的话语，我很感动，急忙笑着对他们说："没事，老师很勇敢，再说有了你们的关心，老师一点也不疼了，你们真是有爱心的好孩子。"

看着这群懂事的孩子，我想起了不久前发生的一件事。

那天姜老师不小心坐歪了小凳子，摔倒在地上。看着姜老师难受的样子，孩子们笑得前仰后合。

"得教给孩子们怎样去关爱别人了！"我心里这样想着，赶忙走过去把姜老师扶起来，把她搀到椅子上，并关心地问："姜老师，摔疼了吗？哪儿疼，我给你揉揉。"

姜老师很配合地指着肩膀说："这儿疼。"

我一边给她揉肩膀，一边自言自语地说："好朋友不小心摔倒了，要把她扶起来。我给你揉揉，一会儿就不疼了。"

过了一会儿，姜老师笑着说："吕老师，谢谢你，我现在一点也不疼了。"

我连忙说："不用谢，好朋友就要互相帮助。"

孩子们静静地看着我们说完，不约而同地鼓起了掌。于是，我和孩子们讨论：当别人遇到困难时，我们应该怎样做？当别人难受时，我们应该怎样说、怎样做？孩子们仿佛一瞬间长大了，纷纷表达自己的看法：小朋友哭了，帮他擦擦眼泪哄哄他；小朋友摔倒了，把他扶起来……

过了一会儿，邱老师踩着椅子擦玻璃，孩子们连忙关切地说："邱老师，小心点。"看着孩子懂事的样子，我暗地里对姜老师开玩笑说："你摔得真值呀！"

孩子年龄虽小，但同样有关爱他人和帮助他人的愿望，但有时他们觉得好玩或好笑，就忘记了关爱和帮助。只要我们抓住契机，积极引导，相信孩子们会让关爱成为一种习惯。

（吕仙英）

## 评析

想想孩子们看到老师"出糗"会有多开心啊！这个"开心"是孩子当下的情绪体验，并不是"嘲笑"老师。

孩子的情绪没有对与错，但是能否捕捉到教育契机对孩子进行引导，便取决于老师的敏锐度和智慧了。案例中的老师能抓住时机对孩子进行情感教育，摒弃"说教"，让他们学会关爱他人，生动的情境演绎可以达到更好的教育效果。

孩子的学习来自对成年人行为的观察。孩子看到成年人处理事情的行为模式，也会跟着做。两位老师的顺势表演，就是给孩子正确示范了一种模式：好朋友要互相帮助！

（王雪梅）

## 长鼻子老师

在今天的教育活动中，我组织孩子们结合教师节主题活动一起画老师。

孩子们都在认真地画着。当我走到轩轩（化名）身边时，发现轩轩的画和其他小朋友的有些不同：小朋友们都画了一个微笑的老师，而轩轩画的老师却是生气的表情，而且鼻子长长的。

我以为轩轩不小心把鼻子画长了，于是想让轩轩重新画一张，可是轩轩噘着嘴，一副生气的样子。

"轩轩，这个老师的鼻子太长了，重新画一张吧！"

轩轩马上反驳说："哼，我不画，我就要画长鼻子老师，说谎的老师就是长鼻子老师，像匹诺曹一样！"

"老师为什么像匹诺曹？"

"老师说了，我们吃完早餐就能出去玩，结果又让我们画画。"

我突然想起自己确实说过这句话，但是升旗后，我怕画画时间不够，所以没有组织孩子们出去玩，因为自己没有做到说话算数，结果就变成了轩轩笔下的"长鼻子老师"。

今年的教师节，我收到了轩轩最特别的礼物，它会时刻提醒我：说到做到，永远不做长鼻子老师！

无论作为老师还是家长，我们一定要说话算数，答应孩子的事情就要兑现，即使临时有变化，也要向孩子解释清楚，千万不要让孩子对我们失望。

倾听孩子心声，让我明白，父母和老师是孩子心目中最有威望的人，一定不能失信于孩子！

（刘萍）

**评析**

俗话说"言传身教""身教重于言传"，这些都充分地说明了成年人的示范、榜样作用的无限力量。上述案例中，老师耐心地倾听并洞察到了孩子的心声，也知道了自己因为失信于孩子导致孩子心中的不满，并能及时调整自己的教育理念。

都说幼儿教师要"眼观六路，耳听八方"，的确，观察、倾听是幼儿教师的两大法宝。在一日生活中，我们必须发挥这两大法宝的作用，洞察孩子、洞察自身，为孩子树立良好的榜样。

（王升语）

## 老师插队了

在户外活动后，我和孩子们都满头大汗，口干舌燥。在回到教室后，我赶紧组织孩子们喝水，孩子们很自觉，转眼间一列长长的"火车"排好了，孩子们有条不紊地排队接水。我也顺手拿起自己的杯子，来到保温桶旁接水。

"你看，老师插队了！"宝宝（化名）悄悄告诉后面的明晨（化名）。

明晨点点头："嗯，老师插队了。"

林林（化名）在一旁说："老师是大人，不用排队！"

孩子们纷纷议论着，我立刻停止了自己不当的行为。"孩子们，对不起，老师插队了，下次老师一定排队。老师是大人，也要排队。"

孩子们笑了，他们用笑容原谅了我的行为，感谢孩子们，让我学会了宽容，更让我找到了自己的不足。

老师要以身作则，而非一味地说教，才能起到更好的效果。让我们用"静悄悄的行为"来引领孩子们吧！当我离开座位时，我会轻轻地把椅子摆放好；在讲完故事后，我会轻轻地把书送回书柜并摆放整齐；在上下楼梯时，我会一个台阶一个台阶地走；在见到其他老师时，我和孩子们一起主动打招呼，问好……

老师没有"特权"，让孩子们的"摄像机"记录下我们动听的声音、美丽的表情和规范的行为吧！

（刘萍）

## 评析

老师说得再多、再好，也不如以身作则，老师的行动就是无声的语言。老师需要不断提升自己，觉察自己的言行，让自己的言行经得起孩子的模仿。

（王小丽）

## 终极"杀手"

有一天，我看到桌子上放着小朋友带来的一张光盘，上面写着

"终极杀手"，我正在想是谁带来的，这时昊昊开心地向我走来，我问："昊昊，这是你带来的吗？"昊昊高兴地点点头，说："老师，这里面有……"

这时有孩子来了，于是还没等他说完，我就打断了他的话："昊昊，谢谢你给小朋友带光盘看，但这是暴力片，小朋友不能看，你也不要看好不好？"昊昊看着我，点了点头，有点失落地回到座位上了。

傍晚放学前，听袁老师说要播放昊昊带来的光盘，是有关小动物们的故事。我当时听了一愣，当看到电视上播出的是《动物世界》时，我意识到自己误会昊昊了。

于是我把昊昊叫到了一边，对他说："昊昊，对不起。唐老师误会你了，我不知道光盘里的内容与小动物有关，请你原谅老师好不好？"

昊昊看看我，没有出声，眼睛在不停地转动。过了一会儿，他看了看我，朝我笑了一下。

我又重复了一句："对不起，原谅我好不好？"

这时，他笑着点了点头。我又和他交流起光盘内容，这时，他的话匣子打开了："老师，这里面有大老虎和猴子，还有……"昊昊开心地说着，同时还在模仿着各种动物。

看着他手舞足蹈的样子，我不禁沉思起来，老师不要以忙为借口，不给孩子发表言论的空间、时间，而是要尊重孩子；也不要断章取义，凡事要确定之后再下结论，否则就有可能成为扼杀孩子天性的终极"杀手"。

（唐君）

## 评析

在和孩子相处的过程中，我们常常只根据事物的表面现象就做出判断，唐老师看到"终极杀手"几个字就联想到"暴力"。在与孩子的互动中，成年人需要做到"应无所住而生其心"，带着探寻、好奇、理解与接纳的心和孩子相处，这样就会避免很多误会的产生。

值得庆幸的是，当天老师就认识到了自己的错误，并能真诚地给孩子道歉，取得孩子的谅解。唐老师的行为无疑给孩子做了一个很好的示范：老师也有犯错的时候，认识到自己的错误之后就要及时并真诚地道歉。

（王小丽）

## 一、二，跳

小潇（化名）是个活泼的孩子，可一到跳绳时间他就缩在角落里，其他孩子跳得欢快时，他低着头，手指玩弄着衣角。我蹲下来问他："要不要试试和我一起跳？"他犹豫着点点头。

我拿了两根跳绳，递给他一根，自己示范着："看，我的脚怎么动，你就跟着动。"我故意放慢动作，双脚笨拙地跳了两下，绳子"啪嗒"一声打在地上。

小潇"扑哧"笑了："老师，你跳得好丑！"

我笑着说："我来陪你一起跳，我们一起进步，可以吗？"

　　这一次，我陪他一起练习双脚跳、甩绳，每一个动作都和小潇同步。小潇跟着我的节奏，努力地跃起，落下，再跃起。刚开始，小潇还是会频繁出错，但我始终保持着微笑，不断地鼓励他："小潇，你做得很棒，再来一次！"随着一次又一次的练习，小潇的动作逐渐变得协调起来，他的双脚开始能够同时离地，甩绳的力量也在慢慢增强。

　　接下来的练习中，我和小潇成了跳绳搭档。我们并排站在操场上，我喊"一、二，跳"，他就跟着我的节奏甩绳。起初，他的脚还是不听使唤，绳子总会缠住小腿，他急得直跺脚。

　　我停下来，指着自己的腿说："你看，我跳的时候膝盖会弯一点，像弹簧一样。"

　　他模仿我的动作，膝盖一屈一伸，这次绳子居然画出了一个完整的圈。"老师！绳子没被绊住！"他的眼睛亮晶晶的。

　　一周后，小潇举着跳绳冲到我面前："老师，我给你表演！"他深吸一口气，甩绳、起跳，绳子划过地面，一下、两下、三下！虽然动作歪歪扭扭，但他稳稳落地后，立刻转头看我，满心欢喜地问道："我是不是特别厉害？"

　　我竖起大拇指："比我厉害多了！明天能教教其他小朋友吗？"

　　他用力点头，转身跑向正在玩球的孩子，举着绳子喊："我来教你们跳绳！"

　　小潇的故事让我明白，孩子的眼睛会一直跟随老师。与其反复纠正"手要抬高""脚要并拢"，不如和他们一起跳。当老师放下指导者的姿态，成为孩子在探索路上的同伴时，孩子自然会紧紧跟上。

（唐磊）

## 评析

　　在这个案例中，老师放下了"指导者"的姿态，成了孩子的同伴。老师故意放慢动作，甚至表现出"笨拙"的一面，让孩子感受到失败并不可怕，重要的是努力与坚持。

　　这种教育方式不仅减轻了孩子的心理压力，也让他感受到被支持与鼓励。正如《孟子》中所说："教者必以正。"老师通过正面的示范与引导，可以帮助孩子逐步掌握技能，同时也能让孩子体验到成功的喜悦。

（王红侨）

## 承诺的力量

　　诚实守信是幼儿社会性发展中的重要品质，而"承诺"则是这一品质的核心体现。作为幼儿教师，我深知承诺的力量——它不仅是一种责任，更是建立信任的桥梁。在日常教育中，我始终以身作则，用实际行动向孩子们诠释承诺的意义，让他们从小懂得"言出必行"的重要性。

　　有一天，我答应孩子们午饭后带他们去玩滑梯。孩子们听到这个消息后兴奋不已，眼神里充满了期待。然而，当我们到达操场时，滑梯已经被其他班级的孩子占用了。看到这一幕，孩子们的脸上露出了失望的表情，孩子们小声嘀咕："老师，我们是不是不能玩了？"

　　我看着孩子们的眼睛，认真地说："老师答应过你们今天一定会玩上滑梯，就一定会做到。我们可以先玩别的游戏，等滑梯空出来，我们再来玩，好吗？"孩子们点了点头，虽然有些失落，但还是跟着我去玩其他游戏了。

过了一会儿，其他班级的小朋友陆续离开了操场。我立刻招呼孩子们："现在滑梯空出来了，我们可以去玩了！"孩子们欢呼着跑向滑梯，脸上洋溢着满足的笑容。

从那以后，孩子们更加信任我了，因为他们知道，老师答应的事一定会做到。这件事让我深刻体会到，兑现承诺不仅能让孩子们感受到被尊重，还能让他们学会信任他人。

承诺不仅体现在与他人的约定上，也体现在对自己的要求上。有一次，乐乐（化名）不小心把教室里的玩具弄坏了。他非常害怕，偷偷地把玩具藏了起来。我发现后，并没有立刻批评他，而是温和地对他说："乐乐，老师知道玩具不是你故意弄坏的，但是如果你把它藏起来，其他小朋友就不能玩了。诚实的孩子会勇敢地承认错误，老师相信你可以做到。"

乐乐低着头，小声地说："老师，是我弄坏的，我害怕你会生气。"

我轻轻拍了拍他的肩膀，说："老师不会生气，因为你能诚实地说出来，你很勇敢。我们一起把玩具修好，好吗？"乐乐点了点头，脸上露出了如释重负的表情。

我们一边修理玩具，我一边对乐乐说："每个人都会犯错，但重要的是我们要诚实面对，勇于改正。这样我们才能成为更好的自己。"乐乐认真地听着，最后我们一起把玩具修好了。

其他小朋友看到这一幕，也纷纷围了过来，我趁机对他们说："乐乐今天做了一件非常勇敢的事，他诚实地说出了自己的错误，并且和我一起把玩具修好了。大家要向他学习，做一个诚实守信的好孩子。"

通过这件事，孩子们明白了：承诺不仅是与他人的约定，也是对自己的要求。诚实面对错误并勇于改正错误，本身就是对自己的一种承诺。

幼儿的模仿能力极强，他们会观察教师的每一个举动，并以此为榜样。因此，作为教师，我们必须时刻注意自己的言行，做到言出必行，给幼儿树立良好的榜样。

（柏馨漾）

## 评析

教师不因突发状况改变"滑梯"计划，还在困难面前积极协调；面对乐乐，教师用"共情引导＋共同解决"的方式，引导孩子修正错误、诚信面对。这些事情让孩子们感受到了承诺的分量与价值。

这种教育方式不仅增强了孩子们对教师的信任，也让他们在等待与坚持中体会了诚信的意义。正如《论语》中所说："人而无信，不知其可也。"教师通过以身作则的示范与引导，用有温度的教育方式帮助孩子们在实践中理解诚信。

（王红侨）

# 绘画活动中的赞美

　　小溪（化名）刚上小班时，内向与要强在她的小身躯里矛盾又奇妙地共存着。刚入园时，她总是胆怯、不安地缩在角落里。她性格内向，却又十分要强，这种矛盾的特质让她在与老师和小伙伴相处时，总是想亲近又不敢靠近大家。从那一次次欲言又止的神情中我明白了：这个孩子需要我更多的关注与耐心。

　　在越来越多的相处中，我发现小溪在运动和绘画方面天赋异禀。拍球时，她的小手能精准地控制节奏；运动时，她的动作敏捷流畅；拿起画笔时，她能勾勒出五彩斑斓的奇妙世界。我意识到这些闪光点就是打开她内心世界的钥匙。

　　在一次关于"我的家"的主题绘画活动中，孩子们都在认真创作，小溪也不例外。她紧紧握着画笔，眼神专注，不一会儿，她的画作似乎就完成了。

　　我走到小溪身边，目光马上就被她的画吸引住了。我轻声问她："小溪，这幅画太让老师惊喜了！能和老师讲讲，画里的这些小细节都有什么特别的意义吗？"

　　小溪抬起头，看了看我，又迅速低下头，小声说："这是我的家，爸爸、妈妈在房子里，这里的大树是为了给我们遮太阳的，花朵是我喜欢的。"

　　我微笑着摸摸她的头，大声夸奖她："小朋友们，小溪不仅把家画得这么漂亮，还赋予了画非常美好的寓意，她很有想法，小朋友们也要多想想再下笔哦！"小朋友们纷纷投来羡慕的目光。

　　得到大家的关注，小溪的小脸微微泛红，嘴角也露出了一丝笑容。这时，旁边的乐乐（化名）皱着眉头，看着自己画得歪歪扭扭的房子，有些沮丧。小溪看了看乐乐的画，犹豫了一下，小声说："乐乐，你画的房子颜色很鲜艳。你可以把窗户再画大一点，就能看到窗外更多的风景啦！"

我惊讶地看着小溪，没想到她会主动鼓励别人。我立刻说："小溪说得真好，不仅发现了乐乐的画的优点，还给出了很棒的建议呢！乐乐，你是不是也有更多的想法了呀？"

乐乐用力地点点头："对，谢谢你，小溪。"

绘画活动结束后，我对孩子们说："今天大家都画得非常棒，而且老师特别开心看到小溪主动夸奖乐乐，小朋友们都要向小溪学习，学会发现别人的闪光点，真诚地赞美对方。这样我们的班级会变得更温暖、更快乐，每个人也会越来越自信。"

从那以后，班级里夸奖的氛围越来越浓厚，孩子们之间的关系也愈发融洽。小溪像变了一个人，不再独自默默待着，而是主动和小伙伴们一起玩耍，脸上的笑容日益增多。

（王云）

## 评析

心理学家阿德勒说："鼓励是教育的核心。"当教师真诚地夸奖孩子时，孩子不仅感受到被重视，也会模仿这种行为，学会如何赞美他人。

愿每一位教师都能用赞美点亮教育的每一刻，让孩子们在温暖与鼓励中茁壮成长。正如教育家陶行知所言："真教育是心心相印的活动，唯独从心里发出来的，才能打到心灵的深处。"

（范书娟）

# 第七篇

## 小小兵法
### 爱和爱的表达方式同样重要

　　幼儿教育是一场充满挑战与惊喜的奇妙旅程，我们需要用心去感受孩子的世界，用爱去浇灌他们的成长，用智慧去化解每一个难题。让我们从这些案例中汲取力量，不断探索、实践，在爱与规则之间找到完美的平衡，为孩子们创造一个充满阳光、温暖与希望的成长环境，助力他们茁壮成长，绽放出属于自己的独特光彩。幼儿教育不仅要重视知识的传授，更要重视情感的交流、心灵的呵护和人格的塑造。

　　在幼儿教育的广袤天地里，爱无疑是温暖的阳光，照亮孩子前行的道路；而正确的教育方法则是坚实的基石，支撑着孩子稳步成长。二者相辅相成，缺一不可。仅仅怀揣着对孩子的满腔爱意，却缺乏科学有效的教育方法，就如同在茫茫大海中失去航向的船只，难以将孩子引领至理想的彼岸；反之，若空有方法，却缺失了爱的温度，教育便会沦为冰冷的教条，无法真正触及孩子的心灵。

# 温柔与坚持

## 乱扔垃圾的孩子

这天，早餐是鹌鹑蛋和牛奶，多数孩子都陆续吃完并收好了餐盘，而全全（化名）则在四处张望，慢吞吞地吃着。

过了好一会儿，全全终于吃完了，端着盘子向洗手间走去，不一会儿，琪琪（化名）过来告状："老师，全全把奶袋和蛋壳都倒在了垃圾桶外面了，让他捡他也不捡。"

我听了琪琪的话，快步来到洗手间，果然看到垃圾桶旁边有一个奶袋和零星散落的蛋壳。全全一见我来了，理直气壮地说："看，垃圾桶都满了，放不进去了！"垃圾桶确实被塞得满满的。

没等我说话，晨晨（化名）说："你就不能想想办法吗？"

"对呀，先用手把奶袋往下压一压就好了。"琪琪边说边用小手把奶袋压了压。

果然，垃圾桶不再是满满的了。

"地上的垃圾怎么办？"我轻声问全全。全全噘着小嘴故意看向旁边不理我。"请你捡起来，好吗？"我话音刚落，全全就大哭了起来。

"全全，垃圾是你倒在地上的，请你捡干净后再漱口。"全全不理我，仍大声哭着。

"我请你在五分钟之内把垃圾处理干净！"我严肃地对全全说，我希望孩子学会对自己的行为负责。

全全透过泪眼，看到我的坚决，蹲下身一边哭一边捡了起来。

看着全全蹲在地上的小身影，我有一丝心疼，真想帮助他一起捡……但我忍住了。

慢慢地，哭声越来越小，地面也越来越干净，最后全全捡干净后，带着满脸的不高兴走过来。

当他走到我身边时，我张开了双臂，说："来，老师抱抱。"全全一下扑进了我的怀里，紧紧地搂着我，眼泪大滴大滴地落了下来，小脑袋一个劲地往我怀里靠。

此时我真切地感受到了孩子心里的内疚、依赖，以及渴望被接纳的矛盾心情。这一刻的拥抱代表着理解和接纳。

记得在小班时，由于孩子小，我经常会抱抱孩子们。而到了大班，这种身体接触却越来越少，其实孩子们只不过长了一两岁，他们依然渴望老师的拥抱。

通过这件事，我发现：拥抱可以让我们和孩子建立起良好的情感联结，而情感则是我们与孩子顺畅沟通的重要保障。

（吕仙英）

## 评析

　　人做错了事，就会在潜意识中产生内疚感，全全采用大吼大叫的形式发泄自己的内疚感，是在试探老师的态度。吕老师面对全全的大吼大叫，没有妥协，而是温柔地坚持，从而帮助全全建立规则意识。为了更好地做好幼小衔接，大班老师是不是经常在帮助孩子建立规则的同时，忽视了孩子的情感需求呢？"老师抱抱"这样简单的一句话、一个动作，既可以让孩子感受到老师的爱、理解和接纳，又帮助孩子立了规矩。

（邢芳）

## 玻璃碗风波

蒙氏工作时间，孩子们都在安静地工作。这时，只听"砰"的一声玻璃破碎的声音。我循声一看，原来是晨晨（化名）将舀豆的玻璃小碗打碎了。

这是分班以来我们班第一次出现打碎玻璃碗的事件，孩子们都很好奇，停下自己手头的工作，向晨晨看了过来。晨晨吓坏了，愣在那里手足无措，有几个孩子还在一旁围观。

我向晨晨走去，边走边提醒自己，我要抓住时机，把打碎玻璃这件事变成一件好事。

我走了过去，抱着晨晨安抚她："没关系的，晨晨，没割伤手吧？"我拉过她的小手仔细查看了一番，我知道孩子的安全远比一只玻璃碗重要。看到我没有责备她，晨晨松了一口气。

晨晨的情绪渐渐恢复正常了，我便请其他孩子回到自己的座位上继续工作。我陪着晨晨一起取来了小工具，与晨晨一起清理地上的碎片。

我趁机对晨晨进行随机教育："晨晨，你知道这个小碗是什么材料的吗？"

"玻璃的。"

"嗯，玻璃制品容易被打碎，你看玻璃很锋利，如果割伤手会怎样？"

"手会流血。"晨晨说。

"那么怎样端托盘就不会把碗打碎呢？"

"两只手端，慢慢走。"晨晨什么都知道。

我笑着点点头："对，两只手握住托盘两端的小耳朵，贴在胸前，端得平平的，稳稳当当地走路。"晨晨点点头，我和她一起扫完碎片后，又请她双手端着托盘练习了几次，便请她继续工作了。

遇到突发事件时，老师要控制好自己的情绪，不要忙着指责孩子的过失，而是要安抚孩子的情绪，保护好孩子的自尊心，帮助孩子找到操作失误的原因，不要让孩子产生恐惧情绪和抵触心理。同时，老师要抓住时机，及时对幼儿进行随机教育。

教给孩子正确的方法远胜于指责孩子，这样才能使孩子成长得更稳。

（慕小曼）

## 评析

在一日生活中，会发生很多突发事件，在面对突发事件时，老师首先要调整自己的情绪，接纳孩子的"错"。

孩子在成长过程中不可能不犯错，有些错误甚至看起来令人不可思议。我们切不可盲目地批评孩子，在了解孩子犯错背后的动机及体谅孩子的同时，我们要思考的是，如何抓住这样的契机对孩子进行有效的引导和教育？如何让孩子在这个过程中获得启发？

在这个案例中，老师的一句"没关系的，晨晨，没割伤手吧？"让孩子马上就放松了下来，然后老师引导孩子思考怎样端托盘更平稳，让孩子在错误中学会自我保护。一件小事，让孩子了解了物质的属性，并学会了正确使用的方法，而且让其他孩子也学会了如何应对危险事件，以及对待这类事件的正确态度。由此可见，一件小事蕴含了丰富的教育价值，就看我们是否能够深入挖掘了。

（战雪艳）

## 温柔的兵法

春日的阳光洒在幼儿园的操场上，望着嬉戏的孩子们，我的思绪不禁飘回几个月前初入职时的情景。那时的我，面对几十个性格迥异的孩子，连午睡都成了一场"战役"。渐渐地，在和这些"小战士"斗智斗勇的过程中，我逐渐明白，教育不是一场充满对抗的博弈，而是一种温柔与坚持。

### 事件一：初试"知己知彼"

周一早晨，我特意提前半小时来到教室。小明（化名）的哭声准时在走廊响起，今天我要试试用新方法对待这个每天都要经历"分离焦虑"的小家伙。

"小明，你看这是什么？"我蹲下身，从口袋里掏出了一个他最喜欢的恐龙玩具。哭声戛然而止，他抽泣着接过玩具，紧紧抱在怀里。我顺势牵起他的手："我们去看看，今天积木区有没有新的恐龙乐园，好不好？"

回想起上周观察到的细节：小明每次哭闹时，只要看到恐龙玩具就会安静下来；他特别喜欢搭建积木，常常一玩就是半小时。这些发现让我明白，发现孩子的兴趣与需求，是帮助他们适应环境的关键。

### 事件二："以逸待劳"化解午睡难题

午睡时间到了，教室里一片混乱。有的孩子在床上翻来覆去，把被子踢到地上；还有的孩子抱着玩偶，在床上来回打滚；也有些孩子则因为邻床的小伙伴太吵，皱着眉头快要哭出来了。

我深吸一口气，准备采用怀柔策略——"以逸待劳"。我增加了一个安静游戏环节：拉上窗帘，打开柔和的音乐，带着孩子们做"小树苗慢慢长大"的伸展运动。渐渐地，教室里的喧闹声变小了，孩子们的动作也慢了下来。

"现在，让我们变成小种子，躺在温暖的泥土里……"我用轻柔的声音引导着。孩子们舒展了眉头，打着哈欠，渐渐地闭上了眼睛。看着一个个进入梦乡的小家伙，我轻轻擦去额头的汗珠，"以逸待劳"的策略果然奏效。

### 事件三："围魏救赵"化解玩具之争

积木区传来争吵声，我快步走过去，只见乐乐（化名）和磊磊（化名）正为最后一块红色积木争得面红耳赤。

"这是我的！我先拿到的！"磊磊手里紧紧攥着积木。

"可是我需要它来完成我的城堡！"乐乐不甘示弱。

我灵机一动，想起"围魏救赵"的策略。我蹲下来指着乐乐未完成的城堡说："乐乐，你的城堡是不是少了一扇窗户？"他点点头。我又转向磊磊："磊磊，你的房子是不是需要一个漂亮的阳台？"

两个孩子的注意力被转移了。我趁机说："不如我们一起想想，怎么用其他颜色的积木来装饰城堡和阳台？"很快，他们开始讨论起新的设计方案，刚才的争执烟消云散了。

### 事件四："同心协力"共创美好时光

学期末的亲子日，教室变身童话工坊。家长们放下手机，和孩子一起搭建积木城堡，讲述童话故事。看着平时忙于工作的家长们专注地陪伴孩子，看着孩子们脸上洋溢的幸福笑容，我深深体会到：教育不是单方面的付出，它需要所有人同心协力。

活动结束时，琪琪（化名）的妈妈拉着我的手说："老师，琪琪现在每天都很期待来幼儿园，谢谢您。"看着教室里其乐融融的场景，我更加坚信，幼儿教育的真谛是用理解、耐心与智慧，陪伴孩子们一步步成长。

在未来的日子里，我还会继续探索更多的教育智慧，用爱心和耐心，陪伴这些可爱的"小战士"快乐成长。因为我知道，每个孩子都是独特的宝藏，而我庆幸自己可以成为那个帮助他们绽放光彩的人。

（于松平）

### 评析

教师通过一系列充满智慧与温情的教育实践，展现了如何用温柔与坚持陪伴孩子们成长。从化解分离焦虑到解决午睡难题，从平息玩具之争到共创亲子时光，教师的每一步行动都体现了对幼儿个体需求的深刻理解与尊重。这种教育方式不仅帮助孩子们适应了集体生活，也为他们的成长提供了情感支持与有效引导。

在解决午睡难题时，教师所运用的这种"以逸待劳"的策略，不仅平复了孩子们的兴奋情绪，也为他们创造了良好的午睡氛围。教师的耐心与细致，让孩子们在温暖的氛围中安然入睡，体现了教育中温柔与坚持的力量。正如《道德经》所言："天下大事，必作于细。"教师正是通过细致入微的关怀，才能让孩子们在潜移默化中学会自律与安静。

温柔与坚持，正是幼儿教育中极其珍贵和有效的部分。只有通过理解与支持，教师才能真正帮助孩子们在成长的道路上走得更远、更稳。教育的根本在于修身，而教师正是通过自身的爱与智慧，帮助孩子们在修身的过程中找到属于自己的优势。

（肖华军）

# 善用身体语言

## 请握住孩子的手

家长和老师无论以什么方式表达爱，让孩子感受到爱和尊重是至关重要的。在正常情况下，我们会以平和的态度对待孩子，但是当孩子犯错时，或者当孩子做出不安全的行为时，我们可能会表现得声色俱厉。

记得有一次，看到睿睿（化名）在寝室里跑，我提醒他，他装作没听见还继续跑着，结果摔倒在地。

我当时特别紧张，心想"坏了"，额头的汗瞬间就冒了出来。当看到孩子在地上趴了一会儿，又站了起来时，我才松了一口气。

我知道我必须找孩子谈一谈了。"睿睿，请到我的身边来。"

睿睿面露难色地问："干什么呀？"

"咱俩谈谈。"

"谈什么？"睿睿寸步不移地问。

"你不用紧张，我想跟你谈谈刚才摔倒的问题。"

"我不疼。"

"可是我心疼，你过来摸摸。"

睿睿小心翼翼地一步一步挪到我的身边。我把孩子的手放到我的胸口上说："现在还疼呢，心跳得厉害，感觉到了吗？"

孩子点点头。我轻轻握住孩子的手说："在活动室里应该轻轻走路，刚才你摔倒了很危险。"

我目光坚定地看着孩子，我要让他知道我跟他谈的是一件很严肃的事。睿睿低下了头，我知道孩子低下了头就表示他承认了自己的错误。

有时我会担心批评孩子会让他们疏远我，但是事后往往发现，孩子们依然很喜欢我。直到看到一本书中的一段话，我才恍然大悟为什么孩子对我的感情一如既往："在训斥孩子时一定要体谅孩子的心情，孩子低头，表示他已经有认错的态度，只是不知道怎么开口而已，所以最好握住孩子的手再批评他们，让他们知道你其实是尊重他们的，即使犯了错，你仍然爱他们。"

　　我无意中这样做了，所以孩子依然喜欢我。

（宋艳玲）

## 评析

　　智慧的宋老师做到了以下两点。

　　1. 描述感受

　　睿睿的一句"我不疼"，传递给老师的信息是"老师，我害怕，不要批评我"；老师的一句"可是我心疼"，孩子会接收到"哦，原来老师在意我、心疼我"，这样的表述方式降低了睿睿对老师的抵触和恐惧情绪。

　　描述孩子的感受，我们容易做到；而将自己的感受明确地表达出来，却不容易。

　　2. 身体接触

　　宋老师通过"握住孩子的手"这一方式，让孩子清楚地感受到了老师虽然不认同他的这种行为，但对他的爱不变。

　　蹲下来，握住孩子的手，眼睛与孩子平视，传递的是力量和认可，也是老师的爱。

　　3. 真心表达

　　老师的表达是由心而发的真实感受，老师的真心孩子是能够感受到的。

（邢芳）

# 一只胳膊的温暖

这天中午，辰辰（化名）在床上翻来覆去睡不着。我来到辰辰的床边，用手势示意他闭上眼睛睡觉。

"老师，我就是睡不着。"

"哦！"

"我在家也不睡觉。"

"嗯，我知道了。"

"我睁着眼睛不说话，好不好？"

"可以。"

我没有再强制辰辰闭上眼睛睡觉，辰辰安静了许多。

过了十分钟，其他小朋友都睡着了，我又一次来到他身边。这次，我没有坐到他身边，而是躺在了他身边，身体也靠近了他很多，这会儿他已经没有空间东张西望了，也不可能翻来覆去了。我对他说："老师都有点累了，咱们一起睡觉吧！"顺势，我伸出一只胳膊，他也乖乖地靠在我身边躺在我的臂弯里。辰辰终于安静了下来，不一会儿就睡着了……

一只胳膊的温暖，胜过千言万语。所以，当我们的语言不能起到应有的作用时，就可以用爱的行动引导孩子。

（姜文娜）

**评析**

爱的行动，需要用爱的语言进行铺垫，当辰辰倾诉自己不想睡觉时，老师用"哦""嗯""可以""知道了"这样的语言来回应孩子时，辰辰感觉到了老师没有强制他睡觉，这让辰辰对睡觉的抵触情绪减少了许多。

老师躺下来，伸出了自己的胳膊，就像妈妈一样陪伴在他的身边，温暖、安全的感觉让辰辰很快就睡着了。

班里总有个别不爱睡觉的孩子，老师们总是能想到很多让孩子入睡的小方法：摸摸耳朵、摸摸眼皮、握住小手，这些身体上的接触都可以让孩子们安然入睡。

孩子们就是这么容易得到满足。

（邢芳）

## 神奇的魔力

休完产假后上班的第一天，面对一群天真而又陌生的面孔，我暗自告诉自己，一定要尽快和孩子们拉近距离，让孩子们喜欢我、接纳我。

上班第一天，一个文静、话语不多的小女孩给我留下了深刻的印象。组织孩子喝水时，这个小姑娘走到我面前，轻轻地叫了一声"老师"，我微笑着问她："怎么了宝贝？"她摆了摆小手示意我弯下腰，像有什么悄悄话要对我说。

我赶紧弯下腰凑近她，她什么也没说，在我脸上轻轻地亲了一下。我很惊喜，抱着她问她叫什么名字，她告诉我："我叫淇淇（化名）。"我便一下子记住了这个文静的孩子。

只是一个轻轻的吻，像有神奇的魔力，让我瞬间感觉到温暖与亲近，这不正是拉近心与心距离的好办法吗？淇淇给我上了生动的一课。

户外活动时，我带孩子们练习花样拍球，小霖（化名）总是不拍，要么坐球上玩，要么把球扔一边。

我走到他身边让他拍球给我看，他只拍了几下就拍不起来了，原来他不太会拍球，怪不得总是不拍呢！我握着他的手和他一起拍，并且告诉他拍球技巧，拍了几下后他又玩去了。于是我换个花样，教他双手交替拍，虽然动作不协调，但他也能自己交替拍两三下了。我用夸张的语气说："哇！你能交替拍三下了！奖励你一个大拥抱！"说着，我抱了抱他。

这个拥抱把小霖的热情都激发出来了，他兴致高昂，进步明显，能连续拍球十多下了，也能掌握拍球的节奏了。他又主动练习双手交替拍，很快动作就协调了。没想到一个拥抱居然有这么大的魔力。

班里有一个很有个性的男孩子，他整天捧着玩具玩，画画、喝水、唱歌、如厕……这些活动似乎都与他无关。如果哪个孩子动了他的玩具，他抬手就打对方。

吃饭时间到了，孩子们都取完餐准备吃饭了，他还在玩玩具。我走过去告诉他："该吃饭了，先收了玩具，等吃完饭再玩。"

他头也不抬地说："我还没玩够呢！"

我一边收玩具一边坚定地说："现在该吃饭了，吃完饭再玩。"

他气呼呼地抱着胳膊说："哼！我不喜欢你！你不让我玩玩具！你

走开！我就不吃饭！哼！"

我哭笑不得，捧着他的脸亲昵地搓了搓，说："你不喜欢我没关系，我喜欢你就行了。该吃饭了，乖！"他的气瞬间消失了，乖乖地去吃饭了。

吃完饭后他走到我身边，拉了拉我的衣袖朝我笑着，我问："怎么了，宝贝？"

他指了指他的盘子，原来他是想告诉我他吃完了。我故作惊讶地说："这么快就吃完了！"紧接着给了他一个拥抱，他美滋滋地回去了。

亲近并不需要太多的语言，一个简单的动作往往胜过千言万语，甚至有事半功倍的神奇效果。

（江鹏鹏）

**评析**

孩子的心是敏感的，年龄越小的孩子越需要大人们的滋润和呵护。而老师对孩子的爱与关注，仅仅通过语言表达出来是不够的，还要通过行为！一个微笑、一个拥抱和亲吻，是孩子们生活中不可缺少的"阳光"，这些简单的身体接触，能让孩子们真切地感受到老师对他们的爱，从而让他们的情绪变得积极、行为变得活跃，这些将转化为他们成长的内在动力。

让教育从爱开始，从最简单的、孩子最容易感受到的一个微笑、一个拥抱和亲吻开始吧！

（邢芳）

# 我想抱抱你

在成长的奇妙旅程中，孩子们宛如神秘的宝藏，等待着我们去发掘；又似复杂的谜题，需要我们用心去解开。

在电影《哪吒》中，太乙真人第一次见到哪吒搞破坏时，并没有像其他人一样愤怒地指责和惩罚他。他看到了哪吒行为背后渴望被认可、被关爱的心。他明白，哪吒的调皮捣蛋并非天性恶劣，而是长期缺乏温暖和理解的结果。于是，太乙真人选择用包容和接纳来回应哪吒的叛逆。他送给哪吒一个乾坤圈，不仅是为了压制魔丸的力量，更是给予哪吒一份信任和关怀，让他感受到自己是被重视的。只有真正读懂孩子，成为孩子心事的翻译者，才能走进他们的内心世界，助力他们茁壮成长。

在我们班，大部分孩子在午睡时都能乖乖入睡，可安安（化名）却是与众不同的。午睡时间，别的小朋友都安静地躺在床上，渐渐进入梦乡，安安却在床上翻来覆去，并且，他频繁地去卫生间，一会儿说要小便，一会儿说要大便。虽然我觉得有些奇怪，但也只能一次次耐心地陪他去。可回来没一会儿，他又故技重施，如此反复，让老师疲惫不堪，也十分不理解，为什么安安就不能像其他小朋友一样安静午睡呢？

这天午睡时，我决定换一种方式。当安安又坐起来，准备起身去卫生间时，我轻轻地走到他身边，微笑着伸出双手，温柔地说："安安，来抱抱老师好不好？"安安愣了一下，并没有回应老师的拥抱。见状，我也没有勉强，轻声说："不想抱也没关系，那老师先去看看其他小朋友。"说完，我在教室里巡视起来。

一圈巡视结束，我发现安安依然坐在床上。我再次走到安安身边，静静地坐在他旁边，悄悄地对安安说："你知道吗？卿卿老师家里也有一个小宝宝，那个小宝宝每次睡觉都没办法自己入睡，卿卿老师都会把他抱起来，然后拍一拍，很快他就睡着了。"

安安好奇地看着我，欲言又止，依旧没有回应，我就继续坐在他旁边陪着他，不一会儿，安安突然扯了扯我的衣服，小声地说："老师，我不好意思。"我这才恍然大悟，原来安安不是不想和老师亲近，而是因为害羞，不好意思主动抱我，他是希望老师去关心他、抱住他的。

那天中午，我直接把安安抱了起来，安安在我怀里蜷缩着，像一个小宝宝，我像安抚自己的宝宝一样拍着安安，不一会儿，安安就进入了甜甜的梦乡。从那以后，我更加关注安安的情绪和需求，经常主动和安安打招呼，给他一个温暖的微笑或轻轻的拥抱。安安渐渐变得不再抗拒午睡了，去卫生间的次数也越来越少。

（李卿）

## 评析

每个孩子的行为背后都有独特的原因。孩子往往不会直白地表达想法和情绪，而是将它们隐藏在日常细微的行为中。起初，安安频繁去卫生间，可能并不是真的有生理需求，而是他内心焦虑、不安，想用这种方式来引起老师的注意，或者释放自己的情绪。而当老师尝试用拥抱去拉近与安安的距离时，才最终听到了安安内心真实的想法。

这个案例提醒我们，要时刻关注孩子行为的变化，从细微之处挖掘他们内心真正的需求，给予及时的关心和支持。

作为老师，不能仅仅从表面去理解孩子的行为，而要用心去观察、去感受，成为孩子心事的翻译者。一个简单的拥抱、一次耐心的陪伴、一句温柔的话语，都可能成为打开孩子内心世界的钥匙，让他们在充满爱的环境中健康、快乐地成长！

（李春雨）

# 先顺后导

## 入园焦虑

文文（化名）是今年刚入园的小姑娘，她的分离焦虑比较严重：第一天来幼儿园时，她哭得很伤心，早接待时，她简直就是老师从妈妈的身上"挣"下来的。

妈妈走后，她的情绪平复了一些，只是常常会缠着老师问："妈妈呢？"只要老师安慰她几句："妈妈下班就来接你了。"她就会止住哭声，接下来情绪会比较稳定。

快到午餐时间，其他孩子都很期待用餐，但她却又大哭起来，还一边哭一边喊："我不吃饭，我不睡觉！"

我只好答应她："好的，你不用吃饭，不用睡觉！"她马上停止了哭闹。我继续说："你不用吃饭，就喝点汤吧！"我舀起一勺汤送进了她的嘴里。她吃得很香，看样子是真饿了。

喝了几口汤，我就接着喂她吃饭，她吃得又香又快，我夸赞道："吃得真好，你一定可以自己吃吧！"马上，她接过勺子自己香甜地吃了起来。看来，对待文文这样带有焦虑情绪的孩子，可以先顺应孩子，再慢慢引导。

在午睡时，她说："我不睡觉！"我先答应她不用睡觉，然后我会在她床边拍着她或拉着她的手，她就会平静地躺在床上，一会儿就睡着了。

睡一会儿醒来后她又哭着说："我不睡觉。"我继续嘴上说着："好的，不睡觉，躺一会儿就行了。"动作上拍着她或拉着她的手，她又会平静下来。

她对我仿佛已经有了一种家人般的信赖与依恋，特别明显的表现是：我走到哪里，她的眼神就追到哪里，我一旦离开活动室，她就会立即跟出来，若是不让她跟着，她就马上哭着说："妈妈呢？"我允许她跟着我，她就能马上平静下来。

我想，这可能就是顺应并理解孩子需求的效果吧！孩子想要的就是家人般的理解和陪伴。作为孩子离开家人后接触的第一任教师，我们是很荣幸的——我们能够见证孩子的心路历程！我们可以为这些可爱的孩子做些什么呢？我若能够给他们多一些关爱、理解、帮助，为他们的成长之路提供铺路石，让他们感觉踏实、快乐，他们就会在这条充满各种挑战的路上走得更加稳健！

（杜慧玲）

## 评析

　　鲍比尔指出，儿童与某一特定的人或事物之间形成永久性的情感联结，这就是依恋。这种依恋形成后，儿童的依恋对象一旦从自己身边消失，儿童就会长时间激烈地表现出反对意见，并拒绝任何人的劝告。

　　在案例中，文文对家庭环境和家人有着明显的依恋。依恋行为是一种本能行为，所以文文本能地排斥幼儿园这个新环境以及老师的任何建议，因而会一直说"不"。一方面是因为陌生环境给孩子带来了压力，另一方面是因为孩子的生理需求和心理需求得不到满足。

　　面对这些，老师的接纳、关爱、顺应，让文文与新环境和老师建立了良好的依恋联结，重新获得了安全感和信任感，从而消除了恐惧感。

　　老师的做法是在语言上顺应孩子，不和她对抗，在行动上去引导孩子。其实，老师是绕过孩子的意识进入孩子的潜意识的，而孩子潜意识的接受又能让孩子逐渐放弃自己的坚持和防守，慢慢地融入幼儿园的生活中。

（王升语）

## 让我们一起叫吧

每天午休时，孩子们换好衣服后，总会非常开心地玩耍、大笑，还有一些小朋友会发出许多怪声。

为了让孩子们按时入睡，我总会提醒孩子们："嘘，安静下来，我们要睡觉了！"或者说："是谁发出的声音？打扰小朋友睡觉了！"

然而我发现，越是这样说，孩子们怪叫的声音就越大，还有许多孩子开始模仿其他孩子！

面对我一遍遍的提醒，孩子们还是会经常喊叫、打闹。后来，我猛然意识到：我的做法是在一直重复着无效行为。

在意识到这一点后，我开始想各种"策略"，如何才能让孩子们心服口服、自觉地安静下来，听我的话呢？我灵机一动："小朋友们，我们一起叫吧！"

孩子们听了我的倡议，特别开心，齐声说："好，好，好！"

于是，我和孩子们一起叫了起来，"小朋友，我们换个叫法吧，你们跟我学！"我开始带着小朋友模仿各种动物叫，唱有关动物的儿歌，学大风的声音……

渐渐地，喧闹声越来越小，最后孩子们都静静地、美美地进入了梦乡！

我并没有刻意使用哪一种说话技巧，而是发自内心地体会孩子的感受，成为孩子最知心的快乐玩伴，和孩子成为朋友，就这么简单！

（刘萍）

## 评析

面对孩子不可思议的行为，空洞的说教显得苍白无力。但是如果我们都能像刘老师一样，试着去体会、了解并满足孩子的需求，顺着孩子的行为引导孩子，那么效果就大不一样了！孩子就能更好地与我们合作。

（王升语）

## 创造奇妙城堡

阳光洒进教室，区域活动的时间到了。建构区里，小睿（化名）正专注地用雪花片拼插着一把手枪，神情认真而自豪。一旁的小言（化名）被吸引，带着好奇和羡慕的目光。他立刻拿起一捧雪花片，学着小睿的样子开始拼插。

然而，事情并没有想象中顺利。小言尝试了几次，却始终无法像小睿那样将雪花片完美地组合在一起。他皱起眉头，小脸涨得通红，最终将雪花片扔在地上，转身离开了建构区。

我目睹了这一切，心里明白，小言并非不想玩，而是遇到了困难，感到挫败和沮丧。于是，我走到他身旁，蹲下来，轻声问道："小言，你刚才想拼什么呢？"

"手枪！"小言噘着嘴，语气中带着失落和委屈，"可是我怎么也搭不好……"

"哦，原来是这样啊！"我点点头，表示理解，"手枪确实很酷！

不过，你知道吗？雪花片就像神奇的魔法积木，可以变出很多有趣的东西呢！"

"那能拼出一座奇妙城堡吗？"小言的眼睛亮了起来，充满了期待。

"可以呀！"我拿起几片雪花片，开始示范，"你看，我们可以用这些雪花片拼出高高的城墙，还可以搭出尖尖的屋顶，甚至可以建造一座美丽的公主塔……"

小言被我的示范吸引，重新拿起雪花片，开始尝试搭建城堡。我一边引导他，一边鼓励他发挥想象力："你可以给城堡加上一扇大门，还可以在城墙上插上彩旗，甚至可以设计一座秘密花园……"

渐渐地，小言的城堡初具雏形，他的脸上也露出了笑容。我趁机说道："你看，只要多尝试，你也能用雪花片创造出属于自己的奇妙世界！"

小言点点头，继续专注地搭建着他的城堡。最后，他完成了一座色彩缤纷、造型独特的城堡，并兴奋地向大家展示。我为他鼓掌，并鼓励他："真棒！下次我们还可以试试用雪花片搭出其他有趣的东西，比如飞机、汽车，甚至一座未来城市……"

孩子的兴趣是多样且易变的，当小言生气地扔玩具时，我先理解他的情绪，再引导他正确表达。小言用雪花片搭建的房子或许不是最精致的，但却是他用心创造的成果。

（尹誉蓉）

## 评析

　　在这个案例中，小言的表现是许多幼儿在探索世界时常见情形的缩影。他最初被小睿的手枪吸引，满怀热情地尝试模仿，却在遇到困难时选择了放弃。这种情绪反应在幼儿中十分普遍，他们的兴趣往往强烈而短暂，面对挫折时容易感到沮丧甚至愤怒。老师的做法不仅保护了小言的自尊心，还激发了他的创造力和自信心。更重要的是，老师通过搭建城堡的活动，将小言的注意力从"失败"转移到"创意"上，让他意识到，雪花片不仅可以拼插手枪，还可以创造出更多有趣的东西。

　　老师的鼓励和引导不仅帮助小言完成了作品，更让他在过程中体验到了坚持与尝试的价值。每个孩子都有无限的潜力，只要给予足够的理解和支持，他们就能在探索中找到属于自己的光芒。

（王红侨）

# 妙用故事

## "小田鼠的背带裤"之拖鞋版

　　晚离园时，西西（化名）的妈妈给西西送来了一双新拖鞋，妈妈让她试一下，酉酉很不情愿地穿了一下，就赶紧脱了下来。

第二天，要出去玩水了，孩子们都穿着自己的小拖鞋准备出发，只有酉酉还在鞋柜前磨蹭着不想穿。

我赶紧走过去，刚要替她换鞋，只见酉酉的小脸扭到了一边，眼里含着泪花。

我灵机一动，想起了刚讲过的故事——"小田鼠的背带裤"，就笑着说："酉酉，你的小拖鞋真漂亮，让我穿一下好吗？"酉酉看了我一眼，点了点头。

我脱下鞋，把脚伸到了她的小拖鞋里，夸张地说："虽然有点小，但挺好看的！"

我刚说完，几个小朋友也围了过来，大家都哈哈笑了起来，酉酉也抿着嘴笑了。

一个小朋友说："小拖鞋真漂亮，让我穿一下好吗？"我爽快地答应了。

这位小朋友穿上了小拖鞋，笑着说："虽然有点小，但挺好看的！"

酉酉看着，也开心地笑了。

"酉酉，快穿上漂亮的小拖鞋去玩水吧！"酉酉高兴地换上了拖鞋。

在孩子情绪低落时，我会满怀热情地想办法感染孩子，但有时仅有热情还不够，还要运用好玩的故事、幼儿感兴趣的游戏来调动孩子的积极情绪。要想让孩子开心快乐，除了教师良好的情绪示范，还需要教师开动脑筋，运用教师的教育智慧。

（吕仙英）

**评析**

"虽然有点小，但挺好看的！"我一边读着，一边想象着吕老师和孩子们互动的场景。我的嘴角也不由自主地轻轻上扬。每当孩子们闹小情绪时，那些小故事、小游戏就有了用武之地，而老师快乐的情绪能感染孩子并为他们带来快乐。

以小故事和小游戏为载体的情绪感染不失为一个很好的小策略哦！

（宋艳玲）

## 我爱吃南瓜

一天早上，老师刚把南瓜拿进教室，南瓜的味道就扑鼻而来，孩子们立刻开始议论纷纷。

小田（化名）说："我不爱吃南瓜！"

秀秀（化名）说："我也不爱吃南瓜！"

几个小朋友一听，也纷纷表示自己不爱吃南瓜。最后，就连平时爱吃南瓜的几个孩子也说自己不爱吃南瓜了，还说南瓜有股怪味……无论老师怎么讲解南瓜的营养，孩子们都不吃南瓜。

这可怎么办呢？这时，我看见几个孩子正围在一起看《铠甲勇士》这本书，突然灵机一动，和他们一起看了起来。

我故意问："你们知道铠甲勇士为什么那么厉害吗？"

"不知道呀！"孩子们的好奇心立刻被我勾起来了。

我故作神秘地说："知道大力水手为什么力气那么大吗？"

"因为他爱吃菠菜！"几个男孩抢着说。

"对呀，铠甲勇士也有爱吃的东西！"

"是什么？"孩子们好奇地问。

"就是你们不爱吃的大南瓜！"我揭开谜底。

"啊？"孩子们都不敢相信地大叫了起来。

"南瓜就像大力水手的菠菜一样，吃了可以令人力大无穷，你们不想像铠甲勇士一样厉害吗？"

"想！"孩子们异口同声地说。

"那就快去吃南瓜吧！"

不一会儿，一盆南瓜就被孩子们吃得干干净净了。

有时，孩子并不是生来就不爱吃某种蔬菜，而是受到某种外界因素的干扰，只要我们能够调动孩子对食物的兴趣，相信孩子一定会爱上这种食物的！

（杨帆）

## 评析

大力水手真的是因为爱吃菠菜才有那么大的力气吗？这显然是作者赋予大力水手的喜好。教师通过孩子对故事中人物的喜爱和模仿，引导孩子爱上吃蔬菜。

有效果比有道理更重要。只会枯燥地讲道理，很难引起孩子的兴趣，利用孩子喜闻乐见的故事情节、故事人物，就能引起孩子的兴趣。同时，在与孩子沟通时，没有一成不变的方法，教师需要多动脑筋，用孩子喜欢且容易被孩子接受的方式与他们互动。

（王小丽）

## 螳螂放生记

一大早，慧慧（化名）就抱着一个钻了许多洞的大瓶子跑进教室。大声说："我今天给大家带螳螂来了！"

孩子们听了都放下手中的玩具来到慧慧身边，"我看看！我看看！"大家都争先恐后地想一睹为快。

"别着急，我把它放在桌子上，你们再看。"于是，慧慧把瓶子放在一张桌子上，大家都围在桌子旁开始观察起来。

"哇，螳螂那两把'大刀'真厉害呀！"晨晨（化名）说。

"我妈妈说螳螂是我们的好朋友。"小雨（化名）说。

"不对，你看他的'大刀'能割破我们的手。"淏淏（化名）反驳道。

"螳螂就是我们的好朋友！"小宇（化名）边说边用求助的眼神望向我。

我笑着问孩子们："你们知道螳螂爱吃什么吗？"

"看他身上绿绿的，肯定爱吃小草。"淏淏急切地说。

"对，对，那两把'大刀'就是用来割草的！"晨晨若有所思地说。

"老师，螳螂到底爱吃什么？"琳琳（化名）着急地问。

"你别急，"我摸了一下琳琳的头，"我讲一个故事，你们听了就知道了。"

于是，我给孩子们讲了一个"大刀将军"的故事，当讲到燕子、青蛙、蜻蜓都不能捉到白菜里的虫子，只有螳螂挥舞着"大刀"捉住了虫子时，孩子们恍然大悟：原来螳螂是吃害虫的，它真的是我们的好朋友！

"老师，我们让螳螂到草地上捉害虫吧！"小宇兴奋地说。

"对，让螳螂去捉害虫，保护小花、小草吧！"

听了孩子们的话，我用探询的目光看着慧慧，只见慧慧拿起瓶子，仔细看了看，眼中有些许不舍，但她还是坚定地说："老师，我们把螳螂放了吧！"

户外活动时，我们一起来到院子的种植角，慧慧拧开瓶盖，小心翼翼地把螳螂倒了出来，只见螳螂先举起"大刀"挥舞了几下，像是在和我们告别，然后就飞得无影无踪了，孩子们的脸上也露出了满足的笑容。

（吕仙英）

## 评析

看了这个案例我很感动，因为教师能够用心地倾听孩子们的对话，能够及时捕捉到难得的教育契机，并给予恰当的引导！教师通过一个简单的故事解决了孩子心中的疑问。这样的环节，胜过一节有准备的教学活动。要做一名孩子喜欢的教师，需要不断丰富自己的知识，提升自己的教育能力。

生活中处处是教育的契机，教师支持与关注孩子们的探究行为，适时地给予帮助，孩子们就会得到意外的收获！

（王小丽）

## 敲门

户外活动结束后，几个调皮的孩子最先跑进屋，关上了门，隔着玻璃，我听见他们兴奋地喊着："老师进不来了！"那情景如同打了胜仗一样，我大声地喊："开门！开门！"他们像没听见一样。

这可是从来没有发生过的事，我有些手足无措。同时，我的心里出现了一个焦急的声音：打不开门，孩子出了危险怎么办？

我急忙找教室钥匙，结果想起来钥匙放在教室里。看我急得团团转，他们更开心了！

虽然焦急万分，但理智告诉我"要冷静"。我灵机一动，带着门外的孩子喊起来："小兔乖乖，把门开开，我要进来！"

里面的孩子立刻停下来了，他们把耳朵贴在门边，歌声一停下来，门一下就开了。他们欢呼着迎出来："呀，妈妈回来了！妈妈回来了！"

短短几分钟，情形就大有变化，我感到非常欣慰，一场恶作剧变成了一次有趣的游戏。只有真正融入孩子们纯真的生活，你才会感受到被他们接受的快乐。

在一日生活中，经常会有各种突发情况，有时这些情况的复杂程度足以让我们束手无策，这时千万别慌，我们要用自己的教育智慧，把困难不动声色地消除掉，使活动能够正常进行。在这个过程中，或许还会得到一些意外的收获！

（王相光）

## 评析

　　一场危机被一个故事延伸出来的游戏解决了，这就是幼儿教师的智慧！教师用孩子喜欢的且易于接受的方式处理问题，就会事半功倍！

　　有趣的游戏和故事是孩子们的最爱，作为幼儿教师，熟知孩子喜欢的童话故事是很有必要的。只有走进孩子的内心世界，了解孩子的需求，才能赢得孩子的信任与合作。

（王小丽）

## 藏在小被子里的成长

　　教室里，阳光透过明亮的玻璃窗洒落了一地，孩子们的欢声笑语交织成一曲欢快的乐章，一个小男生安静地坐在角落，小心翼翼地观察着这一切，他就是我们的主人公，阿烁（化名）。

　　阿烁是个极其内向的小男孩，入园那天，他小小的身躯被一床略显破旧却洗得干干净净的小被子紧紧包裹着，只露出一张写满紧张与不安的小脸。从踏入班级的那一刻起，小被子就成了他的"避风港"，无论上课、做游戏还是吃饭，他都牢牢地抓着，一刻也不松开。

看着阿烁如此依赖小被子，我心里满是心疼，也深知要帮他迈出适应幼儿园的第一步。我轻轻走到他身边，蹲下来对他说："阿烁，老师知道你很喜欢这床小被子，咱们把它放在这个专属于你的小筐子里，它就在这儿乖乖等你午睡，好不好？"

阿烁的眼睛里闪过一丝犹豫，小手把被子抓得更紧了，过了好一会儿，才微微点了点头，小心翼翼地把被子放进筐里，还不时地回头张望，确认被子还在那里。

为了让阿烁逐渐脱离对小被子的过度依赖，我开启了一场"引导之旅"。每天的绘本阅读时间，我都会特意挑选有关成长与独立的绘本，例如《阿文的小毯子》。当我翻开绘本，用轻柔的声音讲述着阿文和小毯子的故事时，我的眼睛总会时不时地看向坐在角落里的阿烁："小朋友们，你们看，阿文和小毯子是最好的朋友，可随着阿文慢慢长大，他发现自己能做很多厉害的事，就算没有小毯子，也能开开心心的……"阿烁听得格外认真，小脑袋随着故事的发展轻轻晃动，那一刻，我知道，故事的种子已经在他心里种下了。

渐渐地，阿烁的变化如春日里的新芽，缓慢而坚定地生长着。他开始尝试和小伙伴们一起搭积木，虽然不怎么说话，但眼睛里有了光。洗手时，他也能松开抓着小被子的手，跟着大家排队，有模有样地搓洗着小手。看到他越来越适应幼儿园的生活，我由衷地为他感到高兴。当然，"让阿烁不带小被子上学"这件事也被悄悄提上了日程。

一次自由活动时，我问他："阿烁，你看现在你在幼儿园多厉害呀，自己的事情都能自己做，咱们下次试着不带小被子来，做个更勇敢的小朋友，怎么样？"一开始，阿烁听到这话，要么低下头，小手不安地揪着衣服，要么就直接跑开，用沉默来回应我。但我没有放弃，一次又一次地尝试，我相信，总有一次，我能看到自我突破的他。

新年快到了，教室里的装饰越来越多，喜庆的氛围也越来越浓。趁着这个氛围，我再次拉着阿烁的手，看着他的眼睛，真诚地说："阿烁，你看，马上就要过年啦，过完年你就长大一岁，是小班的大哥哥了！咱们约定好，明年开学就不带小被子来幼儿园，像绘本里勇敢的小朋友一样，好不好？"

这一次，阿烁没有像往常一样躲开，他的眼睛里闪过一丝犹豫，过了许久，轻轻地点了点头。我赶忙和他拉钩："这可是咱们的约定，一言为定哦！"阿烁小声地"嗯"了一声，嘴角微微上扬，露出了久违的笑容。

放假前的最后一天，我又一次和阿烁确认了我们的约定，阿烁的妈妈和姥爷在一旁很配合地附和着，阿烁点点头说："好，开学我就不带小被子了。"

转眼到了开学前，我和阿烁的妈妈再次通了电话，说明了我们之间这个珍贵的约定。阿烁的妈妈有些担忧地说："老师，阿烁对那个小被子的感情太深了，我感觉他做不到，到时候哭闹起来怎么办？"

我连忙安慰道："您别担心，咱们要相信他。您在家也多鼓励他，给他信心，我相信阿烁一定能行的。"

开学当天，我早早地站在教室门口，满心期待地望着校门口。只见阿烁迈着小小的步伐走来，身上穿着崭新的衣服，背着小书包，最让我惊喜的是，他的手里空空的，真的没有带小被子！我快步迎上去，蹲下来紧紧地抱住他："阿烁，你太棒了！真的长大了，老师为你感到骄傲！"我赶紧拿出阿烁最喜欢的小贴纸，贴在了他的衣服上。

阿烁的小脸涨得通红，眼中闪烁着自信与喜悦的光芒，他小声地说："老师，我没忘记我们的约定。"那一刻，我的心中涌起一股暖流。阿烁变得越来越独立和勇敢了。

（王艺颖）

## 评析

在读这个案例时，我的脑海中浮现出了一个小男孩倔强地抱着小被子不撒手的神情。老师用故事轻轻叩开阿烁紧紧抱住小被子的手，又用约定来帮助孩子走向独立与成长。这场关于小被子的"告别"，不仅是阿烁迈向独立的一大步，也是老师的教育之路上熠熠生辉的珍贵记忆，时刻提醒着她：情通方能理达。

每个孩子都有自己的成长节奏，作为老师，接纳他们的不安与依赖，用爱与耐心疏通情感的梗阻，才能顺畅地抵达孩子心间。

（宋亚男）

# 提供选择

## 王子与公主

户外活动时，三个小男生坐在爬爬球的顶端，他们有一种一览众山小的自豪。萌萌（化名）也想坐到爬爬球顶端，可惜那里容不下第四个人了。萌萌趴在爬爬球的半中腰，进退两难；而三个小男生谁也不想让地方给萌萌，他们的王者地位似乎不容任何人侵犯。萌萌看到他们拒绝的姿态，委屈地哭了起来。

看到萌萌哭了，三个小男生大概觉得过意不去，脸上已经没有了刚才的坚决，但仍然在犹豫着。

其中一个小男生说："本来就是我们先上来的。"话虽这样说，但语气是温和的，像是对刚才行为的一种解释。

另一个小男生说："我可没碰着你。"

第三个小男生赶紧接话说："对呀，我们都没碰你。"言外之意就是：你是自己哭的，我们可没欺负你……

萌萌用求助的眼神看着我，于是我过去对三个小男生说："你们是先来的，可以继续在上边玩，当然也可以选择让给萌萌，自己决定怎么做哦！"他们三个人互相看了看，就从爬爬球上滑下来把地方让给了萌萌。

萌萌赶紧坐到爬爬球顶端，长长地舒了一口气。他们一边往下滑一边做出滑稽的动作，萌萌顿时破涕为笑。三个小男生看到萌萌笑了，又爬上爬爬球重新滑下来，边滑边说："我真倒霉啊！"他们这样做纯粹是为了逗萌萌开心。

我在一边看了心里觉得很温暖、很感动。我对萌萌说："你真像一个美丽的公主，他们三个像逗你开心的王子。"

萌萌听了更高兴了，伸出手来拉其中一个小男生到爬爬球上。萌萌一转头发现迷宫玩具里聚集了很多小朋友，她轻轻碰了碰小男生，说："你看那里，多有意思呀！"小男生说："我们过去看看吧！"几个人手拉手奔向了迷宫玩具，一场地位争夺战最终以温暖的方式收场。

从他们身上，我看到了给孩子们提供选择就能化解冲突，也看到了孩子们化解矛盾的智慧，还看到了孩子们的善良与大度，以及他们五彩缤纷的内心世界。

（江鹏鹏）

## 评析

卢勤曾说："他们的问题自己会解决，解决了，这就是成长。"

当孩子遇到纷争时，我们要做的是在确保孩子安全的情况下，做个旁观者，并适时加以引导。所谓的引导，并不是要求孩子必须顺从老师的指示，更多是在尊重的基础上，给他们提供更多的选择，让他们自主地做出决定。

在选择的过程中，我们要相信孩子有能力解决纷争，即使暂时解决不了，起码这个过程让孩子得到了很好的锻炼，因为失败也是成长的一部分。

（战雪艳）

# 谁都不想让步

　　小杰（化名）和小月（化名）是很要好的朋友，并且他们住在同一个小区。在一天晚离园时，小杰的妈妈已经把小杰接走了。没过多久，小月的妈妈也来接孩子了。这时小杰拉着妈妈的手又回来了。

　　只听小杰对小月说："今天晚上来我家玩吧！"小月干脆地答道："好！"看到四个人欢快离去的背影，幸福感油然而生……

　　有一天晚离园时，大部分孩子都被接走了，我领着剩下的几个小朋友走到活动室门口。正好看到小月和小杰各自在抹眼泪，而他们的妈妈则蹲在旁边说着什么。

　　我还没来得及向接待家长的谢老师了解清楚情况，就忽然听到小杰向妈妈大声喊叫。

　　我赶快走出去问："你们两个为什么要抹眼泪呀？小杰怎么这么伤心，都冲妈妈发脾气了？"两个小朋友只是抹眼泪。

　　谢老师说："他们都想邀请对方去自己家里玩，然后都不让步，妈妈们跟他们商量，今天晚上去小杰家玩，明天晚上去小月家玩，小杰只同意今天去自己家玩，但是不同意明天去小月家玩，他想明天还是去自己家玩。"

　　"哦，原来你们都想邀请对方去自己家玩呀！懂得与小朋友分享这是很棒的事情呀，首先表扬你们两个都是好孩子，但是我也感觉轮流玩是最公平的，对不对，小杰？"我首先征求这个坚持自己想法的核心人物小杰的意见。

　　小杰说："不行，我只想让她去我家玩。"

"去我们家玩！"小月也不甘示弱。

小杰妈妈说："如果你不做出让步，那小月今天就不跟你玩了。"

小杰又开始冲妈妈喊叫了。

我提议："这样吧，既然你们两个小伙伴不舍得分开又不做出让步，我有一个办法，你们来玩'石头、剪刀、布'的游戏，谁赢了就去谁家玩，同意吗？"

两个小伙伴点点头。

"石头、剪刀、布！"随着老师的话音落了下来，两个小伙伴却都握着拳头不动。"你们两个要在老师说完之后就伸出手来，知道了吗？再来一次，石头、剪刀、布！"小月出了"石头"，而出"剪刀"的小杰立刻变成了"布"，然后小月也要变。

我看得出来，孩子都很聪明，他们的等待只是为了让自己处于更有利的境地。"这样吧，我们最后来一次，老师要遮住你们的眼睛。"

小杰立刻反驳："不行，你遮住我的眼睛我就看不见了。"

"说对了，就是让你们相互看不见，这样才公平。"

小杰说："那好吧！"

我郑重其事地说："但是出什么你们要想好了，这决定了你们去谁家玩，并且这是你们自己的决定，不能反悔。"

"好！"两人一致同意。

因为条件的限制，不能立刻找到遮眼布，于是我捂着小杰的眼睛，谢老师捂着小月的眼睛。"石头、剪刀、布！"随着我的话音落下，小杰出了"石头"，小月先是"布"，后是"剪刀"。

我征求小月的意见："小月，你变不变了？"

"不变了。"

"好，保持现在的这个样子不变，我们看看谁最终赢了？"

"噢，我赢了！"小杰说，"你去我家玩吧！"

不管结果怎样，这是自己的决定，两个小伙伴拉着手高高兴兴地走了。家长们都说："还是老师有办法。"

（宋艳玲）

## 评析

其实，不是老师有办法，老师只是给孩子一个方法，或者说是一个选择，让他们自己做决定而已。就像前面提到的，不管结果如何，孩子都能够接受自己的决定。对孩子来说，他们能够接受的事情都是合理的。作为家长，总是希望孩子学会谦让，因为这是一种美德。

但是对以自我为中心的小班孩子来说，直接谦让并不容易做到。如果给孩子提供一种解决问题的方法，既能使孩子心服口服，又能达到谦让的目的，岂不更好？

同时，我又想到周雯老师的八大沟通技巧中的最后一条：任何事情至少有三种不同的做法，任何情况至少有三种解决方案，总有一种做法或方案能使事情得到圆满解决。

（宋艳玲）

# 幻想的方式

## 用幻想的方式实现孩子的愿望

最近一段时间，乔乔（化名）迷上了看图画书。在把班级里的图画书都读完了之后，我便在班级里发起了借阅图书的邀请函。

在等待的过程中，乔乔很着急，总是不停地问："老师，书什么时候能拿来？"

"别着急，耐心等等，很快就到了！"

"为什么要那么长时间，我都等不及了！"

一开始乔乔着急地向我询问时，我还能耐心地回答他。可面对他的反复念叨，我有些不耐烦了。

这次，当乔乔再次询问我时，我有点没有耐心了："快了、快了，别着急！"话音刚落，就发现乔乔使劲盯着我，眼泪似乎在眼圈中晃动着。我的心一下子软了，马上抱紧他说："老师知道，你很想看新书，我要是孙悟空就好了……"

我故意稍稍停顿，乔乔立刻看向我，似乎在等待我的下文，"那样，我就可以把你要的书变过来！书……来！掉到乔乔手中！"说话的同时，我做了个变的动作。

乔乔突然笑着说："老师，你变不来的，我要是孙悟空，我就直接驾着筋斗云去把书拿过来！"

我说："对啊，这样也行！"

就这样，乔乔不再问我新书什么时候到了，只是偶尔会问一句："应该快到了吧？"

这时，我只需要简单回应即可："是啊！"

在午休前，乔乔又来到了我的身边问道："老师，可以给我讲故事吗？"

可我当时忙得不可开交，没有正面回复乔乔，只见他失落地在旁边等着。转念一想，我说道："我要是会分身术就好了！"

乔乔问道："为什么？"

"那样我就可以分成两个老师，一个在放床，另一个给你讲故事呀！"

这次，他什么话都没说，也没有笑，只是看了我很久。

过了没多久，他突然开口说："老师，你先放床吧，我自己看会儿书！"然后乔乔就自己看起了书。

我放下手中的小床，在旁边静静地观察着乔乔。过了一会儿，乔乔轻轻地走向床边，慢慢放下图画书，躺在小床上准备睡觉了。我不禁感叹这个方法真奏效啊！

（于晓霞）

## 评析

　　案例中的孩子想得到班级暂时没有的东西——图画书，他还希望老师做很难实现的事情——在忙碌时陪自己。这时，很多老师的习惯做法是向孩子解释："书还没拿来，不要着急。"而这样的语言在无形中否定了孩子的感受。当孩子的感受被不断否定时，他就会感到困惑和愤怒。

而这位老师非常智慧，她说："我要是孙悟空就好了……""我要是会分身术就好了！"老师用幻想的方式实现了孩子的愿望，孩子也很容易知足，一旦他对某样东西的渴望之情得到了理解后，就能比较容易地接受现实了。

"用幻想的方式实现孩子的愿望"为我们更好地理解他人的感受提供了一个有效的途径。

（于桂芬）

## 有趣多重要

入职以来，我不断地思考：幼儿教师到底是什么样的角色？刚踏入社会的我，像孩子们的大姐姐；成熟后的我，教育孩子们时更像一位妈妈。是的，她们的共同点也许都是耐心和温柔、活力与责任，这些我都不否认，但今天我想说的是，"有趣"很重要。

我的小宝贝们经常给我出难题，但是，作为幼儿教师，我不怕，因为我有独门"兵法"。

当孩子们早入园，不想整理自己的衣物时，怎么办呢？这时，我会说："宝贝，你学会了叠衣服，还会唱儿歌呢！快给老师表演一下！"孩子听到我的话，立刻开始行动，还让我放学后跟他的妈妈夸夸他的"厉害"，这一通"无中生有"的夸赞，可谓第一计。

这群小孩子最不喜欢喝蔬菜汤，他们在用餐时"头疼"的样子确实可爱又可笑。为了让孩子们营养均衡，免不了又要"费脑子"了。

我大声吆喝着："来来来，老师的汤铺开张啦，谁要买？"

孩子们的眼睛亮了，争先恐后地喊道："老师，我要！""我也要！"

我心里暗喜，这是第一步，拿到汤的孩子们，只是停留在刚才的乐趣里。

"接下来，老师闭上眼睛，谁能给我变个魔术呀？汤变没了，你就是最有魔力的宝宝……咦，你的魔法不是很厉害哦，继续加油！"

没一会儿，只见桌子上的汤碗都空了。我发现这一招对孩子们很有效，看来这第二计"激将法"也很有用。看到孩子们对"难喝"的蔬菜汤不排斥了，我深感欣慰。

午睡，对一部分孩子来说也是难题。我知道孩子们天生爱听故事，尤其是在睡前。于是，我问道："有没有人来参加老师的故事会呀？快快躺好，盖上被子，轻轻闭上眼睛，老师要给大家发票喽！"

"老师，我躺好了！"

"老师，我要一张票！"

"好，门票不多喽！我的故事会时间马上到了，还有人要票吗？"

孩子们的积极性总是因他们的纯真而变得愈发高涨，感恩这群小家伙在我身边，配合我的表演，一个个故事，一张张笑脸，让我觉得很幸福。我把这个作为第三计。

与水比起来，孩子们当然更喜欢喝"果汁"了！我经常在喝水环节先给自己接一杯水，然后一边喝一边说道："嗯，今天的果汁是桃子味的，你们快尝尝！"

孩子们半信半疑，但乐在其中，争先恐后地议论道："我的'果汁'怎么是西瓜味的？""我的是草莓味的！"

我补充道："那你们可得多喝点，一会儿'果汁'就没喽！"

不过，这一招对大一点的孩子可能就不奏效了。对待大一些的孩子，我曾模拟"小汽车加油站"，饮水机就是一个"加油站"，我们都是"小汽车"，每过一段时间，"小汽车"都会消耗能量，就要及时"加油"。孩子们"争强好胜"的劲头就是最大的动力。这一招，我总结为以身作则带头法。

每天，我都在与孩子们的互动中寻找新的乐趣和灵感。他们的天真无邪和无限好奇心，总能激发我创造出更多有趣的互动方法。无论是通过故事、游戏还是小小的"兵法"，我都在努力让每个孩子感受到学习的快乐和成长的喜悦。

（杨美）

## 评析

作为一名普通的幼儿教师，如果我们能让自己变得"有趣"，孩子们就会获得超乎想象的幸福感，也许这样的老师，才更具人格魅力。

如果不能改变工作环境的琐碎，那就用教育智慧编写属于你自己的那本"兵书"，试着让自己先快乐起来吧！久而久之，你也会收获惊喜和满足、平和与快乐。

（李春雨）